The History of Social Welfare Institution in Japan

日本の社会事業施設史

「救護法」「社会事業法」期の個別施設史

井村圭壯 著

学文社

はじめに

　歴史を掘りおこす場合，不可欠な条件として，現象的事実を忠実に事実として模写しなければならない。過去の現象である geschichte を通してこそ歴史を知ることができる。一方，geschichte の世界を描写するためには，その担い手が必要である。当然，担い手は実証の精密性をもとに忠実に現象的事実を掘り起こそうとする。事実を事実として堅牢に実証しなければならないからである。ただ，その現象的事実は担い手という主体的歴史叙述者によって描かれた史実であり，そこには歴史的意識・視点が働いている可能性もある。歴史的意識は事実によって規定されるが，同時に事実は歴史的意識によって規定されるという主体的事実の表出に視点を置くことができる。いわゆる叙述者によって表出された主体的事実としての歴史 historia の視点である[1]。我々は客観的存在によって歴史的事実を模写するわけであるが，歴史的意識によって主体的事実を表出する作業を踏む。歴史研究は叙述者の主体的な歴史的意識・視点のもとに深く規定されることを忘れてはならない。

　ただ，ここで留意しておかなければならないのは，当然のことながら歴史的事実は叙述者の歴史的意識を超越した存在であり，それは意識によって規定されるものではない。いいかえれば，意識自身こそが事実によって規定されるものである。歴史の中の事実は叙述者の意識のもとに表出されるが，事実が存在してこそそこに歴史を見る意識が生まれてくるという現実を弁えておかなければならない[2]。このことは歴史研究における実証の精密性の重要性を意味するわけで，史料収集の作業を中心として客観的事実を模写しなければならない。

　吉田久一は，次のように述べている。

　「社会事業史を歴史の中における社会事業でなく，社会事業の歴史とみるかぎり，ゲシヒテだけでは社会事業史の構想はできない。が同時に社会事業は

現象的な事実に焦点をあてていることも周知のところである。したがって形式的には現象と構成される本質との弁証法的統一ということになるであろう。」[3]

社会福祉を歴史的事実として論ずるならば,そこには論者の歴史的意識に規定された主体的事実としての社会福祉が表出されるわけである。であるならば,社会福祉史研究には現在を生きる論者の一貫性のある歴史的社会的視点が重要となってこよう。社会福祉というひとつの独自な営みを表出するためには,その歴史を主体的な意識のもとに再構成しなければならないが,そこには一貫性のある現在の評価に立脚した歴史的視点が必要である。先に吉田は「したがって形式的には現象と構成される本質との弁証法的統一ということになるであろう。」と述べたが,この「構成される本質」は,社会福祉の歴史的事実を表出する者の主体的な歴史的視点によって形成されるものである。

社会福祉の具体的な営みを考えた場合,社会福祉の対象者(生活者),社会福祉の制度を規定する政策主体,そして制度・政策の展開の中で実際に対象者との関わりをもつ実践者,この三者の構造的なからみあいの中でその営みは存在しているといえる。我々はこの構造的な営みをいかなる枠組みのもとに歴史的社会的現実として捉えていくかを問いかける必要がある。

過去の社会福祉の出来事を単なる事実史として再現したのでは不充分である。現在に生きる我々は,現在の状況を正確に分析するために,過去の状況を実証的に究明しなければならないが,そのことにいかなる重要性が内蔵しているのかという問いかけを前提に据えなければならない。現在的評価に立った分析視点を明確にしてこそ,社会福祉史研究の現代的意義が生まれてくるといえる。社会福祉は歴史的に継続的変遷を辿っているのであり,社会福祉の歴史を振り返る中でその本質的独自性を構成することが課題となる。

では,社会福祉史を考察する上でいかなる歴史的視点に立脚しなければならないのであろうか。先に述べた社会福祉の構造的営み,つまり対象者,政策主体,実践者のからみあいを分析してみると,究極的には社会福祉とは政策主体の規制の中で対応する実践者(あるいは対象者も含んだ)の創造的な実践活動の

歴史であると枠付けができよう。勿論，当時の制度，政策がいかに成立し展開していくか，そしてそれがどういった内容であったのかということを探求する必要性もある。人間社会の経てきた興亡，変遷を辿って行くにはこの作業は不可欠である。

ただ，制度，政策の成立，展開過程の中において，矛盾や問題に直面しつつも必然的に生きていかなければならない実践者あるいは対象者が存在するのである。つまり，政策，制度を探求していかなければならないが，それを利用する者の側から，生活実践がいかに規制されてきたかということを探求しなければならない。同時にその規制の中でどのような創造的な活動・運動としての生活実践が展開されたのかを求心的に探っていくことが重要である。

一番ヶ瀬康子は，次のように指摘する。

「つまり，そこでの生活展開が，まさに直面していった壁や生涯と当時の制度，政策との具体的な矛盾や摩擦が利用者側から把握され，それらが全体的な社会福祉政策，さらに政治，経済的諸状況や体制の問題とどうからまりあってのものであるかということへの求心的な探求が，必要なのではないだろうか。」[4]

利用者の側から社会福祉政策の全体を捉え批評し，さらには政治，経済あるいは国家体制のレベルの視点まで拡張し，その中でいかに社会福祉という領域が運営され，実践してきたかを構造的な関係の中で探求しなければならないわけである。つまり，社会福祉史研究においては，社会福祉の実践的側面を分析し，そこから実践者と対象者との関わりの中で，両者が歴史的社会的現実としての行政的，制度的施策に対していかに対応していくか，現実の社会福祉体制にどのように反応し活動していくか，政策主体との関わりの問題を直視することになる。

一番ヶ瀬は，「施設史研究の意味と課題」の中で次のように述べている。

「したがって，そこでの具体的な営みは，社会福祉の利用者，すなわち対象者と社会福祉制度の展開を規定する政策主体と，その狭間で努力をする社会

福祉現場の実践者とのからみあいのなかで，実在しているということが出来よう。」5)

我々は，政策主体と対象者そして実践者との関係の中から，苦悩する対象者の生活問題を見つめる必要がある。そうすることによって，歴史的社会的制度である現実社会の人間的状況を分析することができるのである。制度，政策に規制されながら対応する創造的な実践者・対象者の実践活動を通して社会福祉実践の基本的枠組みを構築しなければならない。

本書は，上記の視点と方法から，戦前期の施設史，なかでも掘り起しが遅れている養老院を中心に考察を行った。同時に，新たに発掘が可能であった孤児院，託児所を含めて，施設の地域化，社会化における運営体制とその実践を基軸に論考を行った。

なお，本書では，タイトルに社会事業施設を使用した。第1章から第10章の内容は，具体的には養老院，孤児院，託児所を分析しているが，それらを総称して社会事業施設とした。その意図は史料分析を行った養老院等が大正期（社会事業期）に設立された施設であった点，同時に昭和初期に制定された「救護法」によって施設の運営体制に支障をきたす，あるいは変化が見られた時代の施設であったことによる。厚生事業期へと進む時代背景から，養老院，孤児院等を社会事業期の施設として総称した。本書は，厚生事業期の施設の苦悩も包含しており，臨戦態勢の時流の中で社会事業施設がどのように実践していったかを考察，検討した。

本書の出版にあたっては，私がまだ30歳過ぎの若手研究者の時代からご支援してくださり，病に苦しんだ時，研究者として挫折しかけた時に，常に励まし，ご助言下さった学文社社長田中千津子様にお礼申し上げる。本書の出版も田中社長のご支援がなければ発刊へとこぎつけなかった。深く感謝いたします。

〈注〉
1) 吉田久一「社会事業史の方法と研究」『社会事業史研究』第3号，1975年，p.5

2) 三木清はこの点について以下のように説明する。
　「事実は意識にとって超越的である。それは意識によって規定されるのではない。事実としての歴史もそれが如何なるものであるかは歴史的意識を俟って初めて顕わになるにしても，このように事実を照らし返えす光であるところの意識はその根源に於て既に事実そのものによって規定されているのである。事実というものは単に意識ではない。寧ろ事実は意識を生むものなのである。歴史は生れた意識から始まるのでなく，却て意識が生れるというところにこそ歴史の端初はある。意識そのものもまた歴史的であるのである。」『三木清全集』第6巻，岩波書店，1967年，pp. 49-50
3) 前掲，「社会事業史の方法と研究」p. 5
4) 一番ヶ瀬康子「東京都養育院百年史研究序説」『社会事業史研究』第1号，1973年，p. 39
5) 一番ヶ瀬康子「施設史研究の意味と課題」『社会事業史研究』第2号，1974年，p. 2

目　次

はじめに————————————————————————————————ⅰ

第1章　戦前期における施設史研究の視点と方法————————1

　第1節　戦前期施設史の曙……………………………………………… 1
　第2節　研究視点………………………………………………………… 2
　第3節　研究方法………………………………………………………… 4

第2章　佐世保養老院の養老事業実践——————————————7

　第1節　大正期の養老院事業と佐世保養老院………………………… 7
　第2節　川添諦信の実践と佐世保養老院……………………………… 11
　第3節　救護法下の養老事業…………………………………………… 12
　第4節　養老事業の近代化と佐世保養老院…………………………… 17

第3章　佐世保養老院の生活者に関する研究————————————23

　第1節　帰納法としての施設史研究…………………………………… 23
　第2節　創設者と支援組織……………………………………………… 24
　第3節　生活者の状況…………………………………………………… 26
　第4節　政策主体との関連……………………………………………… 35

第4章　「救護法」期の養老院の財源に関する研究
　　　　　―特に「佐世保養老院」の財源を事例として―————39

　第1節　経営手法の分析………………………………………………… 39
　第2節　創設期の財源…………………………………………………… 40
　第3節　救護法………………………………………………………… 45

第 4 節	事業収入	48
第 5 節	社会事業法の実施	52
第 6 節	社会事業法の変貌と社会との関連性	53

第 5 章　別府養老院の養老事業実践 ―― 58

第 1 節	実践的反応の考察	58
第 2 節	社会事業の近代化と別府養老院の成立	59
第 3 節	救護法の施行による養老院の変貌	62
第 4 節	大正，昭和初期の養老院事業	65
第 5 節	養老事業の近代化から戦時厚生事業への移行	68

第 6 章　報恩積善会の養老事業の成立と展開 ―― 72

第 1 節	施設実態の基盤	72
第 2 節	感化救済事業と報恩積善会の成立	73
第 3 節	報恩積善会の成立	74
第 4 節	大正期の養老事業施設の運営方法	78
第 5 節	養老事業の近代化と養老事業施設	81

第 7 章　名古屋養老院の運営（財源）に関する研究 ―― 88

第 1 節	名古屋養老院の歴史的事象	88
第 2 節	創設期	89
第 3 節	昭和期	98
第 4 節	名古屋養老院の運営母体	104

第 8 章　札幌養老院の養老事業実践に関する研究 ―― 108

第 1 節	札幌養老院の設立	108
第 2 節	新善光寺と檀信徒の組織化	109

第3節　救護法と養老院の財源……………………………………………… 114
　第4節　従事者……………………………………………………………… 118
　第5節　生活者……………………………………………………………… 120
　第6節　浄土宗と養老院の展望…………………………………………… 125

第9章　戦前期の託児所「海光園」に関する研究
　　　　──「佐世保養老院」との関連を基盤に── ────────128
　第1節　個別施設史の実情分析…………………………………………… 128
　第2節　職　員……………………………………………………………… 129
　第3節　「海光園」の施設財源…………………………………………… 132
　第4節　海軍との関係……………………………………………………… 140
　第5節　海光園運営基盤の土壌…………………………………………… 145

第10章　佐賀孤児院の組織形態に関する史的研究 ────────150
　第1節　佐賀孤児院の創設………………………………………………… 150
　第2節　佐賀市水ヶ江町への移転………………………………………… 153
　第3節　大正期の運営体制………………………………………………… 155
　第4節　佐賀育児院時代の組織体制……………………………………… 156
　第5節　児童の生活状況と財源…………………………………………… 160
　第6節　精神面における施設職員の今後の展望………………………… 166

施設関係史料 ──────────────────────────169

おわりに ────────────────────────────176

索引 ─────────────────────────────179

第1章

戦前期における施設史研究の視点と方法

◆ 第1節　戦前期施設史の曙 ◆

　本章は戦前期の地域における施設史研究を基軸として，戦前期の施設史研究の視点と方法について概説する。なお，ここでいう戦前期の「施設」とは，地域の中で生活する実践者及び地域の支援者及びその組織によって創設され，国の政策によって影響を受ける全国各地の施設と定義する。

　土井洋一は「児童福祉施設史研究の視点と方法―先行研究の分類・整理をもとに―」（1998 年）において，「結論を先に言うなら，筆者は社会福祉の各分野ごとに独自の方法論に依拠した独自の施設史研究が成り立つとは考えていない。」[1] と述べている。例えば「社会事業法」の適用事業も第一条において「一　養老院，救護所其ノ他生活扶助ヲ為ス事業　二　育児院，託児所其ノ他児童保護ヲ為ス事業　三　施療所，産院其ノ他施薬，救療又ハ助産保護ヲ為ス事業　四　授産場，宿泊所其ノ他経済保護ヲ為ス事業　五　其ノ他勅令ヲ以テ指定スル事業　六　前各号ニ掲グル事業ニ関スル指導，連絡又ハ助成ヲ為ス事業」と規定されている。現代のような「各種法律」とは異なり，包括的な国家的規制のもとに施設事業を扱っていた現実があった。

　一方で，土井は「児童・母子・女性・障害・老人といった属人的分野や家族・地域といった包括的分野にしろ，（中略）それぞれが抱える対象の固有性があり規定要因に違いがあるはずだから，一般的な演繹法よりも個別を積み上げる経験的な帰納法に依拠すべき」[2] と指摘する。この点（帰納法）は，一例として，戦前期において全国的に施設数の少ない養老院について一致する論点

であるが[3]．同時に各地方，地域において貴重な原資料を整理化する上においても留意しておかなければならない論点であろう。

◆ 第2節　研究視点 ◆

地域における施設の具体的な営みを考えた場合，①制度を規定する「国の政策」，②制度・政策の展開の中で実際に生活者との関わりをもつ施設の「実践者」，そして，③施設の「生活者」，この関連の中で地域における施設の営みは存在しているといえる。筆者はこの骨子としての営みを歴史的現実として捉えていくことに研究上の意義をみる。

現在の状況を正確に分析するために，過去の状況を実証的に究明しなければならない。ただし，そのことにいかなる意味があるのかという問いかけを前提に捉えなければならない。現在的評価に立った分析の視点を明確にしてこそ，施設史研究の現代的意義が生まれてくるといえよう。施設は歴史的に継続的変遷を辿っている。施設の歴史を振り返る中でその内実を分析することが課題となる。

一番ヶ瀬康子の言葉をかりれば次のようになる。

「社会福祉は，歴史のなかでたんにつくられ与えられた状況として学ばれるだけでは意味がない。なぜなら，社会福祉は一般的な社会事象のなかで，相対的には独自な存在領域を有し機能しているからであり，さらに日常生活に直接かかわる具体性をもった実践としての側面を有しているからである。したがって，その歴史を研究するにあたっては，社会福祉特有の領域を，主体的に学び，その現代的実践課題を明確にすることが要求されてくる。いいかえれば，社会福祉は，歴史のなかでつくられた現実であるとともに，歴史をつくる日常的実践として，探求されるべき存在である」[4]

筆者は，一番ヶ瀬のいう「歴史をつくる日常的実践」は，施設史研究における内実上の実践史研究を形成すると考察する。この点はいかなる方法から施設の歴史にメスを入れるかという研究上の「視点」を問うことに繋がる。上記の

三者の骨子としての営みにおいて，施設の現実的営みを考察すると，歴史貫通的に生活者の視点，実践者の視点は無視できない。歴史的変遷の中で，国の政策によって影響を受けるという営みは繰り返されている。特に，その象徴を抽出できるのが，ひとつには，昭和期に入ってからの「十五年戦争」といわれる「厚生事業期」の施設史であり，施設の実践から，あるいは一番ヶ瀬の言葉をかりれば「日常的実践」から，現代へと繋がる福祉実践の内実に視点をあてる必要性がある。

　国の政策，実践者，生活者の関連を踏まえると，歴史的実践的視点において，施設とは政策の規制の中で対応する実践者（生活者も含んだ）の創造的な地域実践活動の歴史であることは否定できない。もちろん，当時の制度，政策がいかに成立し展開していくか，それがどういった内容であったかということを探求する必要性もある。

　ただ，制度，政策の成立，展開過程の中において，矛盾や問題に直面しつつも必然的に生きて行かなければならない実践者あるいは生活者が存在する。つまり，政策，制度を探求していかなければならないが，それを利用する者（利用させられる者）の側から，生活がいかに規制されてきたかということを探求しなければならない。同時に，その規制の中でどのような創造的な地域活動，社会運動としての実践が展開されたのかを探って行くことが重要である。そうした作業を踏んでこそ，政策，制度の歴史も内容のともなった歴史になってくると言えよう。

　利用者（生活者），実践者の側から国の政策の全体を捉え，その過程から施設がいかに運営され，実践されてきたかを三者の骨子としての営みである構造的な関連の中で探求していかなければならない。こうした構造的関連を踏まえることにおいて，施設史研究の価値が存在することになる。

　利用者（生活者）の側から，また実践者の側から，生活の場における生活実践を掘り起こす視点に，施設史研究における分析上の価値が存在する。施設という歴史的社会的存在の実態に視点をあて，実践の展開によって生まれてくる

生活の場の矛盾，葛藤，問題性等を内在的側面からメスを入れることにより，施設の内実を分析する。つまり，内在的側面からの分析を意図した実態史の実証研究が必要となる。

　実践の具体的な場である施設は，国の政策が構築する制度およびその内容を検証する場でもある。制度と実践との関連が複雑化し，同時に実践者，生活者の視点から検証すると，歴史的貫通的に国の政策に抵抗しつつも，迎合しなければならない意識が存在する。

　施設の実践は内在的に施設ごとに固有の実践を発揮するが，その独自性を明らかにする研究視点として，生活者の場の矛盾，葛藤，問題性に対して施設の内実を分析することが必要となる。それは必然的に原資料を通しての整理化であり，内在的側面からの実践をいかに原資料から読み取るか，そこに施設史研究の現象的事実への客観的かつ実証的分析（つまり，内実分析）が問われてくることになる。

　では，分析を原資料の不足する施設において，いかに実証していくか，筆者の試案としての研究方法を述べる。

◆ 第3節　研究方法 ◆

　上記「研究視点」を踏まえ，筆者は国の政策の規制の中で対応する実践者，生活者の内実を明らかにする中から施設史を分析する。筆者自身のことを述べさせていただければ，特に，施設史，その中でも研究が遅れている戦前期の養老院を，各地方，各地域の個別施設史を基盤に考察している。具体的には，「別府養老院」「佐世保養老院」「福岡養老院」「報恩積善会」「神戸養老院」「讃岐養老院」「済昭園」「滋賀養老院」「札幌養老院」等，地域の中で生活する実践者によって創設された養老院を対象としている。これらの施設は戦後も存続し，実践を展開している社会福祉法人であり，原資料が保存されている。

　なお，ここで上記の施設を取り上げた理由は，創設者の実践とともに民間の草の根的地域施設として展開していくという，国の政策の規制の中にあって，

実践の内実が分析できる点である。言い換えれば，中央政府主導型の施設とは異なり，一地方，一地域の中で一人の篤志家が施設を創設するという純然たる民間施設を抽出した研究方法が，上記，「研究視点」において指摘した三者の骨子としての営み（政策，実践者，生活者の関連）を分析する上において有効な方法であるからである。

　同時に，ひとつの時期で述べれば，一例として，「救護法」（1929年制定），「社会事業法」（1938年制定）下の施設に焦点をあてることに意味があると考えられる。地域の中で民間人の力によって創設され，財源上の困難を抱えつつ経営されていた施設が「救護法」によって法制上「救護施設」へと変貌し，その後，「社会事業法」下において臨戦体制に組み込まれていく。この「救護法」「社会事業法」下の個別施設を，施設研究の分析視点，つまり「①施設観，②経営（財源），③生活者，④処遇，⑤従事者，⑥地域社会」を統括して考察する。なお，これら六領域はひとつひとつが独立して存在するものではなく，有機的構造として絡まりあっている。例えば「①施設観」は「⑤従事者」，特に創設者の影響を受け，「⑥地域社会」の支援組織との関連が大きい。このことが「④処遇」にも影響を与え，「③生活者」の生活にも変化を及ぼす。また，「②経営」，特に「財源」は「⑤従事者」の経営手法によって収支が変動し，財源を支える「⑥地域社会」の支援組織が「⑤従事者」と同一であるケースもみられる。同時に，「②経営」における「財源」の悪化によって「⑥地域社会」への広報化のための年次報告書の作成の強化を左右し，直接的には「④処遇」に影響を与えることになる。このように研究視点の六領域は有機的構造である。同時に，国の政策，実践者，生活者の構造的営みを基盤に据え，政策主体との関連，規制下の地域における個別施設史を実証する。この方法は，個別施設への内在的研究であり，同時に個々の新たな発掘，具体的事実を積み上げて考察する上記「第1節　戦前期施設史の曙」で述べた「帰納法」からの実態史による実証を意味するものである。この実態史による実証から施設の内実を分析し，個々の具体的事実を総合化し，一般性，共通性を探る「帰納法」による科学化

を進めていくことが大切であろう。つまり，地域における個別施設史あるいは個々の施設の発掘，研究の繰り返しによる構築化の中から施設形成史を究明することによって，個別の地域史研究の向上に影響を与え，ひいては各地域史研究の総合化研究に繋がるのである。

〈注〉
1) 土井洋一「児童福祉施設史研究の視点と方法—先行研究の分類・整理をもとに—」『社会事業史研究』第26号，社会事業史学会，1998年，p.33
2) 同上書，p.33
3) 筆者は本書では「養老院」という用語を使用しているが，高齢者領域の施設史研究の用語として統一したものはない。1929（昭和4）年制定の「救護法」で「養老院」が使用され，1950（昭和25）年制定の「生活保護法」では「養老施設」と規定された。また，戦前は「養育院」「養老舎」という用語を使用していた施設もあった。
4) 一番ヶ瀬康子「社会福祉における歴史研究の意義と課題」『講座社会福祉②社会福祉の歴史』有斐閣，1981年，p.2

第2章

佐世保養老院の養老事業実践

◆ 第1節　大正期の養老院事業と佐世保養老院 ◆

　本章では，戦前期の養老院の成立と展開をミクロ的側面から素描するとともに，わが国の高齢者福祉事業の足跡を探求するものである。特に，「佐世保養老院」の施設史研究を通して，大正期，昭和初期の養老事業の進展とその社会的背景について考察する。

　高齢者福祉の史的研究の中でも，戦前期の養老事業の研究は，立ち遅れていることが指摘されている[1]。その基礎的要因は，原資料となる養老院の日誌や生活記録が消失していることによる。また，養老事業の全国的組織化は大正末期であり，養老院の数が育児事業に比較して少数であったことも考えられよう。ただし，1932（昭和7）年には「全国養老事業協会」が設立され，1933（昭和8）年から雑誌『養老事業』を発行するなど，養老事業の近代化が図られていった。「全国養老事業協会」は年に1回「実務者講習会」を開き，養老事業従事者の教育訓練にも貢献している。また，戦前期に創設された養老院の中には，報告書（月報，院報，園報等）を発行し，事業概要を公表しているが，これらが高齢者福祉発達史の貴重な原資料となっていることは確かである。そのため，本章では戦前期に創設された施設（養老院）に視点を当て，そこで明らかとなった原資料を整理する中から，高齢者福祉事業の史的分析を試みる。

　1923（大正12）年，わが国は関東大震災に見舞われる。この震災は「日本社会事業成立の第2の契機」[2]になったと位置づけられているが，養老事業においてもその後の推進的役割を果たした財団法人「浴風会」が1925（大正14）

年に設立された。「浴風会」は震災によって要救護状態に陥った高齢者を保護することを目的として「浴風会」を建築し，1927（昭和2）年から収容保護を開始した。

大正期は社会事業の成立期であり，この領域における組織化，近代化が図られた時代である。1920（大正9）年，内務省に社会局が新設され，また1921（大正10）年，「中央慈善協会」が「社会事業協会」と改称され，「社会事業」という名称が一般化していった。養老事業はこの時流のもとで一定の変化発展を示していったのである。1925（大正14）年5月，「第七回全国社会事業大会」の際に「第一回養老事業懇談会」が開かれ，そこでの決議によって，同年10月「第一回全国養老事業大会」が主に「大阪養老院」を会場にして開催された。この大会には全国から42名の養老事業関係者が集まったが，その中に「佐世保養老院」の創設者である川添諦信（1900～1984）の姿もあった[3]。

川添は，1923（大正12）年に「佐世保仏教婦人救護会」を組織，1924（大正13）年には市内本島町の善光寺境内に「佐世保養老院」（現在の養護老人ホーム「清風園」）を創設した。当初の入所者は85歳と75歳の男性，83歳の女性，計3名であった。その後，院舎の拡張が必要となり，1925（大正14）年4月，福石町（現在の稲荷町）に収容棟2棟を新築移転し，本格的な事業を開始する。

「佐世保養老院」では大正14年度から『院報』を発行しているが[4]，その中に以下のような「院則」を掲げている。

「第一条　本院を佐世保養老院と称す
　第二条　本院の創立は大正十三年四月十二日
　第三条　本院を佐世保市外福石免六二五番地に置く
　第四条　本院は仏陀の教旨に基き可憐無告にして六十歳以上の老衰の男女及場合によりては貧孤児をも収容保護するを目的とす
　第五条　本院に救護を受けむとする者は本人の戸籍謄本を要するものにして本院に於て更に事実を調査し其の諾否を定む
　第六条　本院は賛助会員及慈善家より寄贈せられたる収入を以て維持資と

　　　　　す

　第七条　本院の役員は名誉院長一名顧問理事及評議員若干名とす

　第八条　本院の収入支出は毎月三十日之を清算し剰余金は銀行へ預くるものとす

　第九条　本院の総計算は毎月一月より十二月迄を会計年度とし毎年二月末日迄に前年度収支決算をなすものとす

　第十条　本院の実況慈善家の氏名及寄贈金品等は本院発行の院報を以て公衆に報告す

　第十一条　本院は迫って財団法人組織とす」[5]

　この「院則」の限りでは，養老院にもかかわらず「貧孤児をも収容保護する」ことを規定している。『昭和元年度　佐世保養老院院報』では「十五歳未満」の児童1名収容の記録が残されている。児童の入所については「報恩積善会」などでもみられるが，一般的に大正期は養老院の増加や育児院に養老部が増設される傾向にあった。例えば，「島崎育児院」は1915（大正4）年に養老部を設けている。「高知博愛園」は1920（大正9）年，養老部を新設した。「富士育児院」は1923（大正12）年に名称を「富士育児養老院」に変えている。ただし，当時の佐世保には育児院もなく，「佐世保養老院」では地域の実状に合せた包括的な救援対策が必要であったと考えられる[6]。

　佐世保は海軍とともに発展した新興都市である。1886（明治19）年，佐世保鎮守府の設置が正式に公示され，1890（明治23）年には佐世保鎮守府の開庁式が行われた。1902（明治35）年，市制を施行し，他地からの移住者が増加するなかで軍港都市としての発展をみせた。日露戦争の際，佐世保港は日本海軍の国内前線基地となり，また第一次世界大戦では艦船の出入りが激しく，海軍部内の施設の拡大強化が図られた。軍人や工廠の工員も急増し，1914（大正3）年の終りには工員数は12,585名になっていた[7]。

　こうして佐世保市は，海軍拡張の波に乗って異常な活況を呈した。しかし，空前の物価高が市民を襲い，特に米価の高騰は市民の生活を苦しめていった。

やがて，戦後不況の波が押し寄せ失業者が増加するなかで，必然的に社会事業の対象者が発生していったのである。そのため，川添は1919（大正8）年，「衆善会」を組織し，有志者から寄付金や食料を集め，貧困家庭に配布して回っている。

　川添の本格的な社会事業への実践は，1924（大正13）年，「佐世保養老院」を創設してからである。養老院の創設にあたっては，「佐世保仏教婦人救護会」の支援があったからだと考えられる。ここで，「佐世保仏教婦人救護会会則」を示しておく。

　「第一条　本会を佐世保仏教婦人救護会と称し事務所を市内本島町善光寺に置く
　　第二条　本会は仏陀の教義に基き婦徳を涵養し併せて養老事業を経営し其他救済事業を成すを目的とす
　　第三条　本会は宗旨を問はず道俗に関せず総て本会の主旨を翼賛し規定の会費を納むる者を以て会員とす
　　第四条　本会々員を左の三種に分つ
　　　　一　名誉会員
　　　　　　本会の功労者又は徳望ある婦人を推選す
　　　　二　特別会員
　　　　　　本会の主旨を賛し会資を補助したる者
　　　　三　普通会員
　　　　　　本会の会費を納付したる者
　　第五条　本会に左の役員を置く
　　　　　　会長一名副会長一名主事一名幹事若干名とす
　　第六条　本会は臨時に講演会を催し春秋二期に大会を開く
　　第七条　会員は会費として毎月金十銭を納付するものとす
　　第八条　本会の経費は会費並に臨時寄付金を以て支弁す
　　第九条　本会々計決算は翌年春期大会に於て報告するものとす

第十条　会員にして疾病其他災厄に罹りたる時は之を慰藉し若し死亡者ある時は本会の霊簿に登録し毎年春秋二期の大会に於て追善供養をなすものとす」[8]

　大正期の養老院の創設の「一つの特徴は組織的支援母体をもっていたことにある」[9]といわれている。例えば，1917（大正6）年の「佐賀養老院」，1921（大正10）年の「京都養老院」，1922（大正11）年「堺養老院」，1925（大正14）年「札幌養老院」などには支援母体が組織されていた。川添と親交が深かった矢野嶺雄が1925（大正14）年に開設した「別府養老院」においては，「養老婦人会」によって支援されていた。川添が「佐世保仏教婦人救護会」を組織したのも，こうした大正期の養老院創設の特徴を把握してのことであったと推察される。

◆ 第2節　川添諦信の実践と佐世保養老院 ◆

　川添諦信は，社会事業家であると同時に浄土宗侶であった。川添は，1915（大正4）年，佐世保の浄土宗九品寺の小田信厳に弟子入りし，かたわら筑後善導寺の浄土宗教校に学び僧侶としての資質を培った人物である。1928（昭和3）年には「福石方面布教所」を開設し，教線を拡張している。また，1949（昭和24）年に善隣寺本堂を建立し，1954（昭和29）年には善隣寺開山号の授与を受けている。

　「佐世保養老院」では大正14年度から昭和16年度まで『佐世保養老院々報』を発行し，収支決算や金銭物品にいたる寄付者名などの事業報告を行っている。川添は養老院開設当初から，その運営ができるだけ多数の民衆の支援によって行われることを念願しており，同時にそこには僧侶としての信仰的視点が存在した。川添は次のように述べている。

　「志願成就して養老院の設立を得た私は寺院奉仕の一寒僧としてのつとめは少しも変わらないのですけれど，世間の人からは養老院の川添として私を遇してくれました。私も私の行く所それは読経即養老院，念仏即養老院といふ心持ですから非常に嬉しい，その日を事業の上に専心さして頂きました。私は『千

佛を刻むより一人の信者造れ』と云ふ古徳の語を聞いていますが，私もその信仰で老人にお仕へしています。

　微弱な私の胸に何の力がありませう，でもその私に同情して各宗寺院から，信徒から，軍港の要職から，各官署から，一般水兵から市民から，絶えず同情されるのはみんな老人への贈りもの，老人へ仕へる佛心の贈り物，佛への捧げものです。何と云ふありがたい事でせうか。」[10]

　ここで読み取れることは，川添が社会事業（養老事業）実践を信仰と一体化させるなかで，浄土宗侶としての使命を果たしていたことであるが，同時に養老院事業を市民からの援助によって展開していこうとしていたことが推測されよう。表２−１には「佐世保養老院　昭和七年度歳入出決算書」を示しているが，歳入において「借入金」を除けば，「寄付金」が最も高い比率であることがわかる。

◆　第３節　救護法下の養老事業　◆

　表２−１において「委託救護費」318.00円とあるが，これは1932（昭和７）年に実施された「救護法」により，1933（昭和８）年３月，「救護施設」の認可を受けたことによる。これによって「佐世保養老院」には公的救済施設としての「救護費」が支給されることになった。『佐世保養老院々報　昭和七年十一月発行』には「救護法」を盛り込んだ「入院手続（内規）」が記載されているので挙げておく。

「一．本院は下記該当者を収容し救護す
　　一．救護法に依り救護を受くる年齢六十五歳以上の老衰者及不具廃疾にして市町村長の委託に依るもの
　　二．救護法に該当せざるも真に生活の能力なく扶養者なき六十歳以上の老衰者及不具廃疾者
　二．下記該当者は之を収容せず
　　一．軍事救護法，廃兵院法，結核予防法，精神病者監護法により救護を

第3節　救護法下の養老事業

表2-1　昭和七年度歳入出決算書

歳入

科　目	決　算
	円
第1欵　贊助會費	702.80
1．贊助會費	652.80
2．養老婦人會醵金	50.00
第2欵　寄附金	2,011.11
1．臨時寄附金	717.25
2．應援資金	1,111.51
3．托鉢收入金	182.35
第3欵　補助金	1,180.00
1．長崎縣補助金	120.00
2．佐世保市補助金	100.00
3．宗務所補助金	300.00
4．知恩院補助金	100.00
5．教務所補助金	60.00
6．岩崎家助成金	500.00
第4欵　委託救護費	318.00
1．委託救護費	318.00
第5欵　財産收入	52.90
1．貸地料	33.40
2．貸家料	19.50
第6欵　雜收入	781.49
1．慈善未換金收入	780.84
2．利　子	.65
第7欵　借入金	2,450.00
1．借　入	2,450.00
第8欵　繰越金	67.43
1．繰越金	67.43
合　計	7,563.73

歳出

科　目	決　算
	円
第1欵　事務費	1,172.34
1．給　料	539.00
2．賞　與	32.00
3．旅　費	237.40
4．通信運搬費	208.98
5．印刷費	102.30
6．新聞雜誌費	52.66
第2欵　給養費	1,765.07
1．賄　費	919.85
2．醫療費	12.20
3．被服費	24.70
4．備品費	66.33
5．消耗費	402.15
6．葬祭費	70.04
7．給與費	180.36
8．雜　費	100.00
第3欵　管理費	277.00
1．諸税金	43.86
2．營繕費	92.22
3．火災保險料	60.00
4．借地料	80.92
第4欵　豫備費	
1．豫備費	
第5欵　營繕費	1,878.50
1．院舍營繕費	1,878.50
第6欵　償還金	2,102.31
1．元金償還金	1,450.00
2．利　子	652.31
第7欵　雜費	15.80
1．雜　費	15.80
合　計	7,211.02
差引殘高	352.71

出所：『佐世保養老院々報　昭和八年九月發行』

　　　　受くるもの又は救護を受くるの資格あるもの
三．市町村長本院に救護法に依る被救護者を委託せんとするときは予め其
　　の内諾を求め委託送致書に救護台帳寫を添へ被救護者を送致すること
四．市町村長本院に救護法に依らざる要救護者を委託せんとする場合は左

第2章　佐世保養老院の養老事業実践

　　記書類を本院に送付し予め内諾を求むること
一．市町村長名義の収容依頼状
二．要救護者の方面調査台帳写
三．要救護者の戸籍謄本
四．医師の診断書
五．前記の書類により実状を調査し収容すべき者と決定したるときは収容通知状を送付す
六．前記通知により市町村よりは適当の保護者付添出頭のこと　以上」[11]

　こうした規定は，「救護法」の制定によって，養老院の運営が管理化，近代化していくことへの始動を意味していると言えよう。

　また，「救護法」の制定は，養老院の急速な増設を促したことが指摘されており[12]，表2－2に示すように昭和6年以降の増設は目覚ましいものがある。「救

表2－2　養老院の推移

	養老院数		収容人員
昭和4年	48		1674
6年	60	公設1 私設59	2259
7年	61	公設1 私設60	2525
8年	66	公設1 私設65	2753
9年	72	公設2 私設70	2861
10年	79	公設6 私設73	3190
11年	89	公設7 私設82	3657
13年	90		3920
15年	99		4090

出所：全国社会福祉協議会老人福祉施設協議会編
　　　『老人福祉施設協議会五十年史』全国社会福祉協議会　1984年，p.81

護法」は「恤救規則」と比較すれば救済対象の拡大がみられるが，家族制度や隣保相扶の扶助に期待をかけていたという点で，要救護者への十分な救済対策とは言えないものであった。確かに「救護法」の制定・施行は養老院の経営を支援するひとつの要因になった。しかし，これによって財源が確保されたとはいえない状況にあった。表２－１のごとく，「佐世保養老院」においても「救護費」は歳入全体の4.2％にすぎず，経営の安定化には「寄付金」や官民からの「補助金」が貢献していた。なお，「佐世保養老院」における入所者のほとんどが被救護者として位置づけられているが，全国的傾向から述べると，養老院の被救護率は決して高くはなかった。昭和10年の養老院の被救護率を示すと，「秋田聖徳会養老院」59.1％，「京都養老院」88.3％，「別府養老院」76.0％，「東京養老院」55.1％，「浴風園」19.3％，「聖ヒルダ養老院」8.3％，「東京老人ホーム」21.7％となっている[13]。

　1927（昭和2）年2月，「佐世保養老院」では『佐世保養老院其内容』という30頁の小冊子を発行している。これは，養老院の生活内容を市民に理解してもらうための宣伝効果を期待したパンフレットであるが，当時の養老院の生活を彷彿とさせるものがあるので一部を紹介する。

「又，時には，蓄音機を聞かせて，喜ばせたり，或は，講談的な，面白い話をして，笑はせたりして，元気を付けてはいるが，是れとても，毎日続けては，いや気が出て，却て，面白くない。何といっても，一番，喜ぶのは，お風呂に浸って，心ゆくまで，暖まることと，食べ物だが，是も，好き嫌いがあって，時々，困らせられることもある。志かし，ホヤホヤの焼芋だけは，みんなが，喜んで食べる。嫌いだといふ，老人は一人もない。焼芋は寧ろ，老人には附きものかも知れぬ。

　だが，比較的，一般の人よりも，放埒な，生活を続けて来た，此の老人達の，心持ちを柔らげるといふことは，容易ではないと思ったのが，不思議にも，毎日，朝夕の，佛前礼拝，一週一回の法話，毎月の，定例法要などに，席を重ねる毎に，自然，心持ちが柔いで来たのは確かで，近頃では，『親

戚や子供がなくて、自分は、却って幸福で御座います。私が、今まで、不幸であったといふことは、こんなに、有難い、幸福にして下さるための、佛様の、お手回しであったかもしれません』と心から、喜んで呉れています。かうして、少しでも、信仰に導き得たことを、心強く思ひます。

　それから、お爺さんには、毎月二回宛の、散髪と、毎週、一回宛の、髭剃、またお婆さんには、毎月二回宛、顔や、襟を、剃ってやったりして、床屋さんの仕事まで、係員自身が之をつとめています。

　幸ひ、先頃などは、理髪業の、永橋官一さんが、多忙の身でありながら、志かも、無料で、度々、散髪をしてやって、大変、老人達を、喜ばせて下さいましたが、続いて、第六十二潜水艦乗組の、泊一二さんと云へる、軍人の方と、軍艦比叡乗組の、理髪師小田鹿乗さんも、亦、日曜日やら、上陸した時などを、利用して、志ば志ば、自ら、理髪道具一切を、携へて来てまで、懇ろに、老人達の、散髪や、髭剃をして下さいました。

　時々、かうした、思ひもよらぬ、篤志家の、御同情を戴きますので、『自分達は、まあ、なんといふ、幸福な身であらうか、是れといふのも、全く、佛さまの、おかげである』、と云って、一同、あまりの嬉しさに涙ながして感謝しています。

　又、予て、養老院では、一同、麦飯を常食としているのであるが、食べることより外には、是といふ、何の楽しみもない、老人達の為に、毎月、『一日』と、『十五日』に限り、特に慰安日として、小豆御飯か、若しくは、米の御飯を炊いて食べさせ、尚ほ、老人達の、最も、好きそうな、おいしいものとか、お志る粉や、ぼた餅なども拵へては、その食欲を満たせるなど、特に、此の一日を、楽しく遊ばせている。

　即ち、養老院では、是を『試食会』と称して、必ず、毎月、実行しています。」14)

以上の文章は小冊子の一部ではあるが、こうした宣伝媒体となった当時のパンフレットに関して、小笠原祐次は、「それほど遠隔な地域にまで及ばない援

表2-3 創立以来収容人員移動表

年度	本年度収容人員 男	女	前年度越人員 男	女	死亡 男	女	退院 男	女	残人員 男	女	年度末計
大正13年度	3	1	0	0	1	0	1	0	1	1	2
大正14年度	3	1	1	1	1	0	1	0	3	2	5
昭和元年度	2	3	3	2	0	1	0	0	4	4	8
昭和2年度	2	1	4	4	1	0	1	0	4	5	9
昭和3年度	0	0	4	5	0	0	0	1	4	4	8
昭和4年度	4	5	4	4	3	1	1	0	6	6	12
昭和5年度	3	2	6	6	1	3	0	0	8	5	13
昭和6年度	4	2	8	5	2	3	2	1	8	3	11
昭和7年度	15	5	7	3	3	1	0	0	19	7	26
昭和8年度	10	6	19	7	8	0	9	3	12	10	22
昭和9年度	9	1	16	10	4	1	1	0	16	10	26

出所:『佐世保養老院々報 昭和十年九月發行』

助者―つまり地域に対する養老院,養老事業についての理解への働きかけ,普及といった,今日でいう社会化,地域化の営みが原初的ではあれ存在していたことを示している」[15]と指摘している。「佐世保養老院」も昭和期に入り,地域社会にいかに受け入れられるかといった社会的働きかけの中から一定の発展を遂げているが,その状況を表すものとして,表2-3には「創立以来収容人員移動表」を示している。なお,昭和9年度でいえば,26名中26名全員が「救護法」の対象である被救護者であった。

◆ 第4節 養老事業の近代化と佐世保養老院 ◆

1932(昭和7)年1月,「全国養老事業協会」が設立された。会長は枢密院顧問官窪田静太郎,副会長は社会局社会部長富田愛次郎,理事長は浴風会常務理事福原誠二郎であった。設立の背景には「浴風会」が推進役を担っており,中央政府の指導による養老事業の運営が進められ,この時代から養老院の近代化に向けての本格的な事業が開始された。「全国養老事業協会」は「全国養老事業大会」を主催し,あるいは「全国養老事業調査」の実施,「養老事業実務者講習会」を開催するなど,養老事業の向上とその普及に大きな役割を果たした。

こうした養老事業の近代化の波を川添も逸早く吸収しており，全国各地の養老事業関係者との交流もみられた。例えば，『佐世保養老院々報』の中にある「日誌」より抜粋してみると以下のようになる。大正14年12月6日「福岡養老院長高階瓏仙師来院」，昭和元年3月5日「渡邊佐賀養老院長来訪」，昭和2年3月7日「長崎養老院主夫人来院」，昭和3年5月16日「橘鹿児島養老院長来院」，昭和7年6月6日「河野雅市氏　福岡養老院主事の氏は来訪経営上の苦辛を語られしに一息絶えて今は空し，転々欣慕の情切なるものあり」，昭和8年5月15日「上野女氏別府養老院保母の氏は，斯業視察のため来訪」，昭和9年10月19日「矢野嶺雄師　別府養老院長の師は，令室同伴にて来訪」，昭和12年7月7日「祖岩佐賀養老院長来訪　襲って院長就任の祖岩哲雄氏来院」。

また，『佐世保養老院々報』には「雑誌寄贈」が記載されており，昭和12年度であれば，以下のようになっている。

「華頂　　　京都知恩院様　　　衆善　　　京都衆善会様
　事業概要　慶福会様　　　　　園報　　　浴風園様
　月報　　　長崎養老院様　　　月報　　　長崎慈光園様
　院報　　　東京養老院様　　　院報　　　和歌山市各宗協同会様
　院報　　　前橋養老院様　　　院報　　　別府養老院様
　院報　　　福岡養老院様　　　院報　　　鹿児島養老院様
　院報　　　佐賀養老院様　　　院報　　　神戸養老院様
　時報　　　マハヤナ学園様　　時報　　　京都養老院様
　園報　　　ナーランダ学園様　会報　　　長崎県社会事業協会様
　愛育　　　恩賜財団愛育会様」[16]

「佐世保養老院」では創設当初から「院則」の中でも「貧孤児をも収容救護する」ことを規定していたが，川添は1928（昭和3）年に託児施設「海光園」（現在の保育所海光園）を創設する。「海光園規則」の中でその目的について次のように規定している。

「本園は父母共に昼間労務に従事し人手を有せざる者の子供並に多忙なる家

第4節　養老事業の近代化と佐世保養老院

庭の幼児を預りて幼児心身の発育を円満ならしめ常に独立自営の精神を涵養し幼児依託者及其の家族の労働能率を増進せしめ以て家庭教育の裨補たらしむことを目的とす」17)

表2-4　佐世保海光園々兒父兄職業別竝收入別員數一覧表

	海軍々人	海軍職工	荷馬車業	花賣行商	呉服行商	薬種商	下駄商	會社員	疊製造業	青物果物商	農業	雑貨商	染物屋	古物商
70		1				3		1					1	
65	10	15	1				2	1						
60	7	28	1		2				1	1		1		
50		8	1		3				1	1	2			
40				2						2	1			
30				3										1
計	26	52	3	5	5	3	2	3	2	3	3	1	1	1
記事	一等下士官以下													

	人夫	大工業	理髪業	石工業	購買所	葬儀屋	刑務所看守	豆腐屋	ラムネ製造業	ウドン製造業	蒲鉾製造業	蒟蒻製造業	失業	合計
70			1						1					8
65														28
60		2									1			49
50		1		2	1			1		1		1		30
40	2													7
30	1													8
計	3	3	1	2	1	1	1	1	1	1	1	1	3	130
記事					配達部								遺産ニテ生活病気ノタメ多少ノ	

出所:『佐世保養老院々報　昭和七年十一月發行』

軍港ゆえに海軍関係の労働者が多く，1931（昭和6）年12月調べでは，園児130名中「海軍職工」52名，「海軍軍人」26名となっている（表2-4)[18]。

昭和初期の佐世保は戦後不況に見舞われ，1929（昭和4）年には鎮守府司令長官をはじめとする海軍将兵全員と官公吏，学校教育などの減俸が実施された[19]。1930（昭和5）年，ロンドン海軍軍縮条約の調印式が行われ，これが実施の段階に入ると，佐世保は直接そのあおりを受けた。もともと佐世保の不景気は，第一次世界大戦の世界的不況の一環として，すでに大正の中頃から現われていたが，ロンドン条約締結によって直接の影響を受け，1931（昭和6）年には海軍工廠従業員の二割強にあたる1,373名，軍需部31名，建築部13名の合計1,417名に及ぶ大整理が行われたのであった[20]。

こうした状況下において「佐世保養老院」の運営にも苦しいものがあった。川添は寄付金等の財源を確保するため，高僧名士の書画の寄贈を受け，全国各地でその即売会を開催することによって経営の維持に努めている。1936（昭和11）年には台湾，1938（昭和13）年青島，1940（昭和15）年には朝鮮に渡り，名士書画の即売会を開催するに至っている。

第二次世界大戦の終了とともに，佐世保は引揚船の集結地となった。町では家族を奪われた高齢者や子どもが浮浪し，食糧難と住宅難は深刻化を極めた。そのため，「佐世保養老院」は生活困難者や浮浪者のための緊急保護施設としての機能を果たした。1946（昭和21）年9月には財団法人「清風園」の認可を得，「佐世保養老院」は同年10月，旧「生活保護法」による「保護施設」に形を変えた。そのため，入所者は原則として生活保護受給者と位置づけられた。その後，1950（昭和25）年に新「生活保護法」が公布され，養老院は「養老施設」と名称を変えた。「生活保護法」下の養老院は生活保護受給者に限定した救貧施設となり，民間社会事業の公営化が進められたのである。つまり，養老院は国家的救貧対策によって，経済的貧困の救済援助施設として公的性格を固定化させていったのであった。

〈注〉
1) 小笠原祐次「戦前期養老事業文献にみる養老院に関する処遇と処遇観」『社会事業史研究』第14号，社会事業史研究会，1986年，p. 1
2) 吉田久一・高島進『社会事業の歴史』誠信書房，1964年，p. 211
3) 井村圭壯「川添諦信」田代国次郎他編『日本社会福祉人物史（下）』相川書房，1989年，p. 276
4) 佐世保養老院の『院報』は以下のようになる。

『大正十四年度　院報　佐世保養老院』	大正十五年四月十五日
『昭和元年度　佐世保養老院院報』	昭和二年十月十日
『昭和二年度　佐世保養老院院報』	昭和三年十二月三十日
『昭和三年度　佐世保養老院院報』	昭和四年十月十五日
『昭和四年度　佐世保養老院院報』	昭和五年十一月
『佐世保養老院々報　昭和六年十一月発行』	昭和六年十一月二十日
『佐世保養老院々報　昭和七年十一月発行』	昭和七年十一月二十五日
『佐世保養老院々報　昭和八年九月発行』	昭和八年九月二十日
『救護施設　佐世保養老院々報　昭和九年九月発行』	昭和九年九月二十五日
『救護施設　佐世保養老院々報　昭和十年九月発行』	昭和十年九月十日
『救護施設　佐世保養老院々報　昭和十一年八月発行』	昭和十一年八月二十五日
『救護施設　佐世保養老院々報　昭和十二年七月発行』	昭和十二年七月五日
『救護施設　佐世保養老院々報　昭和十三年七月発行』	昭和十三年七月二十五日
『救護施設　佐世保養老院々報　昭和十四年八月発行』	昭和十四年八月十日
『救護施設　佐世保養老院々報　昭和十五年八月発行』	昭和十五年八月十五日
『救護施設　佐世保養老院々報　昭和十六年八月発行』	昭和十六年八月十五日

5) 『大正十四年度　院報　佐世保養老院』大正十五年四月十五日，p. 2
6) 戦前期の養老院設立の状況については，田代国次郎「戦前日本の養老院設立史ノート」『草の根福祉』第12号，社会福祉研究センター，1984年に詳しい。
7) 佐世保市史編さん委員会『佐世保市政七十年史』上巻，佐世保市，1975年，p. 85
8) 『大正十四年度　院報　佐世保養老院』大正十五年四月十五日，p. 18
9) 全国社会福祉協議会老人福祉施設協議会編『老人福祉施設協議会五十年史』全国社会福祉協議会，1984年，p. 44
10) 川添諦信「我が養老院」『佐世保養老院々報　昭和七年十一月発行』昭和七年十一月二十五日，p. 2
11) 「入院手続（内規）」『佐世保養老院々報　昭和七年十一月発行』昭和七年十一月二十五日，pp. 2-3
12) 全国社会福祉協議会，前掲書，p. 82
13) 養老院の被救護率については，同上書，p. 85参照

14)『佐世保養老院と其内容』佐世保仏教婦人救護会，昭和二年二月二十五日，pp. 17-21
15) 全国社会福祉協議会，前掲書，p.66
16)『救護施設　佐世保養老院々報　昭和十二年七月発行』昭和十二年七月五日，p.21
17)『昭和三年度　佐世保養老院院報』昭和四年十月十五日，p.25
18)『佐世保養老院々報　昭和七年十一月発行』昭和七年十一月二十五日，p.23
19) 昭和初期の佐世保市の状況は，詳しくは佐世保市市長室調査課『佐世保市史総説篇』佐世保市役所，1955年，pp.342-348
20) 佐世保市史編さん委員会，前掲書，p.90

第3章

佐世保養老院の生活者に関する研究

◆ 第1節 帰納法としての施設史研究 ◆

　戦前期の養老院の研究が遅れていることは事実である[1]。それは，原資料の不足，研究上の基盤的通史の不足，研究者の不足，研究者の個別施設史への取り組みの遅れ（根源に原史料の発掘・整理ができていない）などが考えられる。
　2000（平成12）年10月発行の『社会事業史研究』（社会事業史学会）において，「高齢者施設の歴史」が「特集論文」として掲載されたが，戦前期の論文は山本啓太郎の「内務省調査における『養老院』をめぐる2, 3の問題」[2]のみであった。山本はこの論文の「むすびにかえて」の中で，「しかし，個別の『養老院』の報告データについては分析できず非常に不十分なものとなった。全国養老事業協会や中央社会事業協会の資料，そして個々の「養老院」についての資料を収集し，老人福祉施設史の研究をすすめていきたい」[3]と述べている。
　山本の言う「個別の『養老院』の報告データ」あるいは「個々の『養老院』についての資料」とは，一つの個別史，あるいは一つの資料から結論を導くのではなく，個々の具体的な史実から，その積み重ねによって一般化できる事象を形成していかなければならないことを示唆している。山本の言う「個々の『養老院』についての資料を収集し，老人福祉施設史の研究」とは，いわば個々の具体的史実を総合化し，一般化できる事象を導き出すという「帰納法」と位置づけられる方法論であると推察する。この点は，土井洋一が「児童福祉施設史研究の視点と方法―先行研究の分類・整理をもとに―」（1998年）の中で次のように指摘している。

「児童・母子・女性・障害・老人といった属人的分野や家族・地域といった包括的分野にしろ，（中略）それぞれが抱える対象の固有性があり規定要因に違いがあるはずだから，一般的な演繹法よりも個別を積み上げる経験的な帰納法に依拠すべきであろう。」[4]

つまり，本章は，土井の指摘する「帰納法」としての施設史研究の一考察であることを述べておく。本章は，「佐世保養老院」（現在の養護老人ホーム「清風園」：佐世保市大和町898番地）の戦前期の「生活者」（高齢者）の状況を分析するが，「佐世保養老院」の全体的概略的な先行研究は筆者が発表していることを述べておく[5]。

◆ 第2節　創設者と支援組織 ◆

1. 創設者

「佐世保養老院」の創設者である川添諦信（1900－1984）は，1923（大正12）年に支援組織である「佐世保仏教婦人救護会」を組織し，1924（大正13）年，佐世保市本島町の善光寺境内に「佐世保養老院」を創設した。当初，入所者は85歳と75歳の男性，83歳の女性，計3名であった。その後，院舎の拡張が必要となり，1925（大正14）年4月，福石町に収容棟を2棟新築，移転し，本格的な養老事業を開始する[6]。

川添は養老事業家であると同時に浄土宗侶であった。川添は，1915（大正4）年，佐世保の浄土宗九品寺の小田信巌に弟子入りし，また筑後善導寺の浄土宗教校に学び僧侶としての資質を培った人物である。1928（昭和3）年には「福石方面布教所」を開設，教線を拡張している[7]。

2. 支援組織

「佐世保養老院」では大正14年度から年次報告書である『院報』を発行しているが[8]，「大正十四年度自一月一日至十二月三十一日収支決算書」[9]の次に「経営状況」の項目を記載し，以下のように記している。

「佐世保仏教婦人救護会員二百余名にて経営し佐世保市内に於ける賛助員二百余命の醵金を以て経常費に充て，尚ほ維持方法としては県下一円に亘り向ふ五箇年間に篤志家五万人を募集し，其の一名より金一円宛を申受けて之れを基本金と為すものなり。」[10]

上記から理解できるように支援組織の存在によって賛助員も形成される現象がみられ，川添と支援組織が両輪となって，創設当時は施設経営が展開していったようである。以下，支援組織の会則を記しておく。

「佐世保仏教婦人救護会々則

第一条　本会を佐世保仏教婦人救護会と称し事務所を市内本島町善光寺内に置く

第二条　本会は佛陀の教義に基き婦徳を涵養し併せて養老院事業を経営し其他救済事業を成すを目的とす

第三条　本会は宗旨を問はず道俗に関せず総て本会の主旨を翼賛し規定の会費を納むる者を以て会員とす

第四条　本会々員を左の三種に分つ

1. 名誉会員　本会の功労者または徳望ある婦人を推選す
2. 特別会員　本会の主旨を賛し会資を補助したる者
3. 普通会員　本会の会費を納附したる者

第五条　本会に左の役員を置く
　　　　会長一名副会長一名主事一名幹事若干名とす

第六条　本会は臨時に講演会を催し春秋二期に大会を開く

第七条　会員は会費として毎月金拾銭を納付するものとす

第八条　本会の軽費は会費並に臨時寄附金を以て支弁す

第九条　本会々計決算は翌年春期大会に於て報告するものとす

第十条　会員にして疾病其他災厄に罹りたる時は之を慰籍し若し死亡者ある時は本会の霊簿に登録し毎年春秋二期の大会に於て追善供養をなすものとす」[11]

◆ 第3節　生活者の状況 ◆

1. 救護法との関連

年次報告書に掲載されている「佐世保養老院」の「入院手続（内規）」が，1932（昭和7）年発行の年次報告書から改正されている。以下，その原史料を紹介する。

「入院手続（内規）
　一．本院は下記該当者を収容し保護するものとす
　　1　自活の能力なく扶養者なき年齢六十歳以上の老廃者。
　二．下記該当者は之を収容せず
　　1　軍事救護法，廃兵院法，結核予防法，精神病者監護法等により，救護を受くるもの，又は之が救護を受くる資格あるもの。
　三．真に救護の要ありと認めたる場合，市町村長は，下記書類を本院に送らせるべし。
　　1　市町村長名の収容依頼状
　　2　要救護者の生活現況調査
　　3　同戸籍謄本
　四．前条の書類により，実状を調査し収容すべき者と決定したる時は，収容通知状を送附す。
　五．前条の通知を受けたるときは，市町村よりは適当の保護者附添ひ出頭せしめらるべし。」[12]

「入院手続（内規）
　一．本院は下記該当者を収容し救護す
　　一．救護法に依り救護を受くる年齢六十五歳以上の老衰者及不具廃疾にして市町村長の委託に依るもの
　　二．救護法に該当せざるも真に生活の能力なく扶養者なき六十歳以上の老衰者及不具廃疾者

二．下記該当者は之を収容せず
　一．軍事救護法，廃兵院法，結核予防法，精神病者監護法等により救護を受くるもの又は救護を受くるの資格あるもの
三．市町村長本院に救護法に依る被救護者を委託せんとするときは予め其の内諾を求め委託送致書に救護台帳写を添へ被救護者を送致すること
四．市町村長本院に救護法に依らざる要救護者を委託せんとする場合は下記書類を本院に送付し予め内諾を求むること
　一．市町村長名義の収容依頼状
　二．要救護者の方面調査台帳写
　三．要救護者の戸籍謄本

表3-1　八年度中の収容者異動

		月別	四月	五月	六月	七月	八月	九月	十月	十一月	十二月	一月	二月	三月	合計
越人員	男	人	二〇	一九	一九	二〇	二〇	二〇	一三	一三	一二	一三	一四	一三	一九三
	女	人	八	八	九	九	九	九	六	六	八	九	一〇	一〇	一〇〇
	計	人	二八	二七	二八	二九	二九	二九	一九	一九	二〇	二二	二四	二三	二九三
入院	男	人	二	〇	〇	〇	一	一	〇	〇	三	一	〇	〇	一〇
	女	人	一	〇	一	〇	〇	〇	一	〇	三	〇	一	〇	七
	計	人	三	〇	一	〇	一	一	一	〇	六	一	一	二	一七
死亡	男	人	二	〇	〇	〇	一	〇	一	二	〇	〇	〇	二	八
	女	人	〇	〇	〇	〇	〇	〇	〇	〇	〇	〇	〇	〇	〇
	計	人	二	〇	〇	〇	一	〇	一	二	〇	〇	〇	二	八
退院	男	人	〇	〇	〇	〇	〇	八	〇	〇	〇	〇	〇	九	九
	女	人	〇	〇	〇	〇	三	〇	〇	〇	〇	〇	〇	〇	三
	計	人	〇	〇	〇	〇	一	一	〇	〇	〇	〇	〇	〇	一二

出所：『佐世保養老院々報　昭和九年九月発行』p.5

四，医師の診断書

五，前記の書類により実状を調査し収容すべき者と決定したるときは収容通知状を送付す

六，前記通知により市町村よりは適当の保護者附添出頭のこと　以上　」[13]

　上記の「入院手続（内規）」の違いを述べれば「救護法」の有無である。周知のように，「救護法」は1929（昭和4）年3月23日に成立し，4月2日に公布された。ただし，実施は1932（昭和7）年1月1日からであった。「佐世保養老院」の「入院手続（内規）」が1932（昭和7）年の年次報告書から改正されたのも「救護法」への対応であった。

　表3-1には1933（昭和8）年度の収容者異動をを示しているが，10月に11名の「退院」が示されている（年度合計では12名）。また，表3-2において（昭

表3-2　創立以来収容人員移動表

年度	大正十三年度	大正十四年度	昭和元年度	昭和二年度	昭和三年度	昭和四年度	昭和五年度	昭和六年度	昭和七年度	昭和八年度	昭和九年度	昭和十年度	昭和十一年度	昭和十二年度
本年度収容人員　男	三	三	二	一	一	四	三	四	一四	一〇	九	二	三	八
本年度収容人員　女	一	一	三	〇	一	五	二	二	五	六	一	五	六	二
前年度越人員　男	〇	〇	一	一	三	四	六	八	九	一九	六	〇	〇	二
前年度越人員　女	〇	〇	一	四	五	四	六	五	三	七	一	〇	〇	〇
死亡　男	〇	一	〇	一	〇	一	一	二	八	四	六	八	五
死亡　女	〇	〇	〇	〇	三	三	一	三	〇	一	四	四	四
退院　男	一	〇	〇	〇	一	〇	二	〇	九	一	一	二	六
退院　女	〇	〇	〇	一	〇	〇	一	〇	三	〇	一	二	〇
残人員　男	一	三	四	四	六	八	八	九	一二	六	〇	三	九
残人員　女	一	二	四	五	六	五	三	七	一〇	〇	〇	八
本年末計	二	五	八	八	一二	一二	一三	一六	二六	一二	一六	一三	一七

出所：『佐世保養老院々報　昭和十三年七月発行』p.4

和8年度）に12名の「退院」が表記されている。この現象を意図的と受けとめるか否かは，明確に表現することはできないが，1932（昭和7）年発行の年次報告書の表紙に「救護法の実施と共に要救護者次第にその数を増し院舎狭隘を告げるの際院舎を拡張して趣旨の徹底に務む」[14]と記載してあり，「救護法」による公的認可施設への意向が川添の内面には強く形成されていたことは間違いないと思われる。小笠原祐次は「公的救済の開始と施設の増設」において「昭和10年の各養老院の被救護者割合」という表を載せているが，それを見ると「佐世保養老院」の「救護法」による「被救護率」は100.0％となっている[15]。このことは表3-3に示す年次報告書からのデータ抽出からも理解できるように，「昭和9年3月」「昭和10年3月」は「救護法非該当者」は「七〇歳以上」「八〇歳以上」においても0名であった。年次報告書に1933（昭和8）年度の「救護法非該当者年齢区分」が掲載されていないため明確な分析はできないが，表3-3をみる限り，また表3-2において示しているように，「昭和八年度」に退院が急増し，それも「十月」（表3-1）に12名中11名と集中しているのであった。この点に関連することとして，岡本多喜子は次のように述べている。
「しかし，救護法実施初期の養老施設は，救護法の対象となる老人は少数で，

表3-3 救護法非該当者年齢区分 （人）

	六〇歳未満			六〇歳以上			七〇歳以上			八〇歳以上			合計
	男	女	計	男	女	計	男	女	計	男	女	計	
6年度末			1			1			0			0	2
7年度末			11			0			0			0	11
昭和9年3月			0			0			0			0	0
昭和10年3月			0			0			0			0	0
昭和11年3月			1			1			1			3	6
昭和12年3月			1			0			0			2	3
昭和13年3月現在			0			0			0			0	0
昭和14年3月末現在			0			0			1			0	1
昭和15年3月末現在			7			0			1			0	8
昭和16年3月現在			6			0			1			0	7

出所：各年次報告書より作成

救護費で施設経営を行なえる状況ではなかった。そのため，すでに入所している老人を一度退所させ，救護法の対象となった後に再び施設に入所させるという方法を，施設経営上行わざるを得ない施設もあった。」[16]

この岡本の指摘は，まさに「救護法」施行当時の施設経営の苦悩を如実に表現している。上記の経営上の戦略を創設者である川添が実行に移したかどうかは不明であるが，岡本の論文に出てくる「一度退所させ」と表3-1の「佐世保養老院」における「退院」が完全に一致しないとは言い切れないように思われる。そのひとつの要因として，先に紹介した小笠原の作成した「昭和10年の各養老院の被救護者割合」の表において「聖ヒルダ養老院」の「被救護率」8.3％，「東京老人ホーム」21.7％，「秋田聖徳会養老院」59.1％となっており[17]，「佐世保養老院」100.0％という比率を考え合わせると，何らかの意図があったと推察せざるを得ないともいえよう。

1932（昭和7）年7月に開催された「第二回全国養老事業大会」においても内務省社会局保護課長藤野恵は「経営し切れなくなった場合には，万止む得ないことでありますから府県等と御協議下さって，収容中の若干を委託者として移し変えますことも差支えないと存じます。」[18]と述べ，「救護法」によって経営難に陥ることへの苦肉の発言を述べている。

ただし，「佐世保養老院」の場合，歳入に占める「救護費」の比率は高いとはいえない。例えば，1932（昭和7）年度4.2％[19]，1933（昭和8）年度7.5％[20]，1934（昭和9）年度11.3％[21]，1935（昭和10）年度6.1％[22]，1936（昭和11）年度14.0％[23]，1937（昭和12）年度13.0％[24]，1938（昭和13）年度13.3％[25]であった。小笠原は「佐世保養老院は救護費割合が低いので寄付金＋助成金中心型」[26]と指摘している。また，同じく九州地方の「別府養老院は寄付＋救護費型」[27]とし，九州地方ではないが「京都養老院は救護費型」[28]と分析している。

「佐世保養老院」の場合，例えば，1932（昭和7）年度の年次報告書から「歳入出決算書」を見ると，歳入「合計」が「七五六三．七三」であり，その内，

「寄付金」が「二〇一一．一一」,「補助金」が「一一八〇．〇〇」となり,「救護費」に該当する「委託救護費」は「三一八．〇〇」,つまり4.2％にすぎなかった[29]。小笠原も著書の中で1932（昭和7）年度の「佐世保養老院」の救護費の割合を4.2％と示している。「賛助会費」が「七〇二．八〇」であったことを考え合わせると,「佐世保養老院」の場合,公的認可施設への移行,あるいは生活者をできるだけ「救護法」の該当者へと導こうとした意図がみられるが,川添の考えの中には地域に根ざした施設として支援者とともに運営することへの実践的意図があったことは否定できないであろう。

2. 戦時下における生活者の健康状態

表3-4には年次報告書に記載されている「在院者健康調」を示している。統一性の持てる表としてデータが抽出できたのは「昭和9年3月」からであるため,また度数の関係上細かい分析はできないが,どの年度も「病弱者」が「健康者」を上回っていることがわかる。「昭和十五年三月末現在」からは「盲目者」という用語が使用され3名の生活者が入所していたことになる。戦時下の中にあって生活者の健康状態は悪化していったと推察される。

この昭和15年は日本労働組合会議が解散,社会大衆党の解党,民政党,大

表3-4　在院者健康調　　　　　　　　　　　　（人）

	健康者			病弱者			盲目者			痴呆			精神			計		
	男	女	計	男	女	計	男	女	計	男	女	計	男	女	計	男	女	計
昭和9年3月	3	5	8	9	5	14										12	10	22
昭和10年3月	4	6	10	12	4	16										16	10	26
昭和11年3月	2	5	7	8	5	13										10	10	20
昭和12年3月	5	4	9	7	6	13										12	10	22
昭和13年3月現在	3	3	6	6	5	11										9	8	17
昭和14年3月末現在	2	4	6	4	6	10										6	10	16
昭和15年3月末現在	4	5	9	7	4	11	0	3	3							11	12	23
昭和16年3月現在	3	4	7	5	5	10	0	4	4	0	1	1	0	1	1	8	15	23

出所：各年次報告書より作成：表の用語は原史料である当時の年次報告書の用語

日本農民組合の解散，9月には日独伊3国軍事同盟調印，10月には大政翼賛会が発足した年であった。また，東京市に「ぜいたくは敵だ」の立看板が立ったのもこの年である。8月には賀川豊彦が反戦論者として憲兵隊に拘引された。11月は紀元2600年祝賀行事（ちょうちん行列，旗行列，音楽行進など）が行われた。そして翌年，日本軍はマレー半島に上陸，ハワイ真珠湾空襲，太平洋戦争へと突入していった。

「佐世保養老院」の年次報告書は，昭和16年8月発行（昭和15年度報告）以降は不明であり，生活者の状況も正確につかめないが，戦後に発刊された資料によると，「昭和18年8月戦時建物強制疎開のため，佐世保市大和町（現在地）へ院舎を新築し移転」[30]と記されている。また，川添は当時を振り返り次のように述べている。「特に戦争中は乏しい食料，衣料，日用品の配給に喘いでいる時に，重ねて疎開，移転の難航に遭遇し更に昭和二十年六月二十九日の佐世保空襲は市街の半数を焼失し，全八月九日は長崎に原爆投下，一瞬にして数万の人名を失い，焼土と化した。」[31] 戦時下，特に太平洋戦争期の「佐世保養老院」に関する原史料が不明に近いため，正確な史実を述べることはできないが，実践者と同時に生活者にも多くの苦悩があったと思われる。

3. 生活者の死亡

図3-1は年次報告書から抽出した「生活者数」および「死亡者数」を表している。1929（昭和4）年の拡張工事，また1935（昭和10）年の拡張工事によって生活者も増加しているが，微量ながら昭和8年度あたりから死亡者数の増加もうかがえる。川添と交流のあった曹洞宗の矢野嶺雄（1894－1981）が創設した「別府養老院」の年次報告書に記載された「創立以来入院状況　昭和十六年三月末日調」では，「入院」200名，「死亡」134名，「除数」38名，「現在」28名となっており[32]，死亡者が多いことがわかる。そのため，矢野は「別府養老院　創立十周年記念事業　別府消毒所新設概要」といったB4版の印刷物を地域に配布したり，施設内の衛生に苦慮していた[33]。

第3節　生活者の状況　33

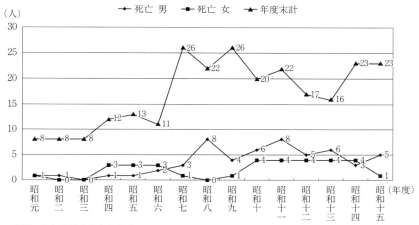

図3-1　生活者数及び死亡者数

出所：各年次報告書より作成

　歳出にかかる衛生費を「佐世保養老院」の現存する原史料からは明らかにできないため，岡山市に1912（大正元）年9月に創設された「報恩積善会」（現在の養護老人ホーム「報恩積善会」：岡山市津島笹ヶ瀬9-8）の年次報告書の収支決算表の「歳出ノ部」の中の「医薬衛生費」を取り出してみると，1935（昭和10）年度204円71銭[34]，1936（昭和11）年度205円44銭[35]，1937（昭和12）年度280円84銭[36]，1938（昭和13）年度214円10銭[37]，1939（昭和14）年度376円22銭[38]，1940（昭和15）年度445円40銭[39]，1941（昭和16）年度416円94銭[40]，1942（昭和17）年度403円52銭[41]となり，「医薬衛生費」は年ごとに増加していった[42]。こうした現象は原史料が残っている「神戸養老院」（現在の養護老人ホーム「神戸老人ホーム」：神戸市東灘区住吉本町3-7-41）の収支決算書の「医療費」からみても理解できるように，1937（昭和12）年度192円2銭[43]，1938（昭和13）年度160円77銭[44]，1939（昭和14）年度145円51銭[45]，1940（昭和15）年度219円61銭[46]，1941（昭和16）年度294円3銭[47]，1942（昭和17）年度381円95銭[48]となり，「報恩積善会」と同じく1940年代あたりから「医療費」の増加傾向が現れている。

第3章　佐世保養老院の生活者に関する研究

図3−2　月別死亡者数（昭和6年度～昭和15年度）

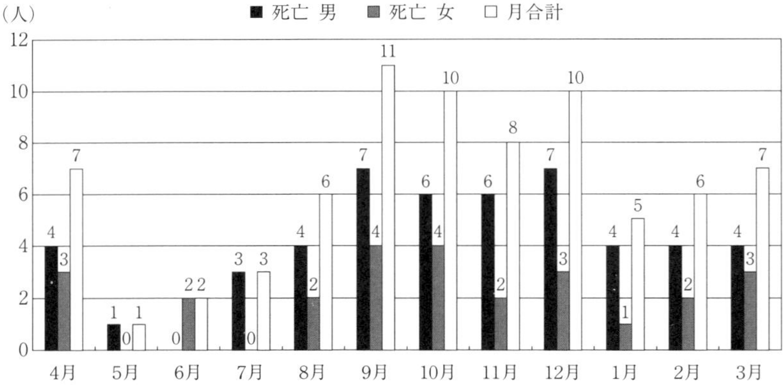

（人）　■ 死亡 男　■ 死亡 女　□ 月合計

月	死亡 男	死亡 女	月合計
4月	4	3	7
5月	1	0	1
6月	0	2	2
7月	3	0	3
8月	4	2	6
9月	7	4	11
10月	6	4	10
11月	6	2	8
12月	7	3	10
1月	4	1	5
2月	4	2	6
3月	4	3	7

出所：各年次報告書より作成

　図3-2には「佐世保養老院」の「月別死亡者数」を示しているが，秋期から冬期に集中しているようである。ただし，度数上は明言できない。同じく九州地方の「福岡養老院」（現在の養護老人ホーム「博多老人ホーム」：福岡市東区三苫2-28-41）では，1943（昭和18）年1月に6名の死亡者が出ている。同年は2月に2名，3月に2名の死亡も年次報告書に記されている[49]。田代国次郎は「広島養老院の史的研究」の中で「戦時体制が深まるなかで，物価高，物資，食糧不足が進み，しかも市民生活も苦しくなり寄附のあつまりも悪くなっていった。それでも，何んとか利用者の生存権を守るために施設運営をしなければならない。とくに冬期間の老年者処遇が大変で，死亡者が多い時期なのである。」[50]と述べている。確かに「佐世保養老院」の「収容者異動」をみても，1939（昭和14）年度「死亡」7名中11月に1名，12月に2名，2月に2名[51]，1940（昭和15）年度「死亡」6名中12月1名，2月1名，3月2名と[52]，冬期に死亡者が多くなっている。ただし，1940（昭和15）年度までの原史料しか筆者は発掘できていないため正確な分析はできなかった。なお，「全国養老事業協会」が「昭和十一年十二月三十一日現在ニ依リ調査セリ」として実施した「第二回全国養老事業調査」における「前年中ノ収容者異動調（三）死亡ノ部」

を調べてみると，1月230名，2月223名，3月171名，4月148名，5月117名，6月112名，7月129名，8月169名，9月133名，10月167名，11月181名，12月216名，計1996名の死亡数が示されている[53]。この数値は「佐世保養老院」あるいは「福岡養老院」の報告書より数年前のものであるが，全国レベルでは当時200名以上の死亡者は12月，1月，2月となっており，やはり冬期に生活者（高齢者）の死亡する傾向は否定できないであろう。

◆ 第4節　政策主体との関連 ◆

「第1章　戦前期施設史の曙」において，筆者は，「帰納法」としての施設史研究について述べたが，個別施設史研究の積み重ねは，単にその繰り返しに終始するだけでは研究上の向上には繋がらない。施設は歴史上政策主体によって影響を受ける，弾圧を受ける，あるいは拘束を受けるという社会構造の中で営まれてきた。つまり，歴史貫通的に政策主体との関連は切り離せない。

内在的側面から施設の内実分析を行わなければならないが，それには常に生活者，実践者の視点から政策主体の国家的戦略を絡ませて考察していかないと，生活者としての社会性，公共性，実存性，つまり人間としての権利は明確にできない。原史料の少ない（この点は今後の発掘，研究上の課題ではあるが）養老院を，内在的側面からメスを入れていくことは，メスを入れた内部が外部の様々な要因によってダメージを受けていることは明らかである。つまり内部を切り開いていけば切り開くほど，外在的要因が明らかとなるという歴史貫通的な政策主体との要因を「帰納法」は持ち合わせなければならないことを述べておく。

〈注〉
1) 筆者は本章で「養老院」という用語で統一して使用するが，高齢者領域の施設史研究の用語としては統一したものはない。1929（昭和4）年制定の「救護法」では「養老院」が使用され，1950（昭和25）年制定の「生活保護法」では「養老施設」と規定された。
2) 山本啓太郎「内務省調査における「養老院」をめぐる2，3の問題」『社会事業

史研究』第28号，社会事業史学会，2000年，pp. 35 - 44
3) 同上書，p. 44
4) 土井洋一「児童福祉施設史研究の視点と方法―先行研究の分類・整理をもとに―」『社会事業史研究』第26号，社会事業史学会，1998年，p. 33
5) 井村圭壯「川添諦信」田代国次郎他編『日本社会福祉人物史（下）』相川書房，1989年，pp. 276 - 279
井村圭壯「老人福祉発達史の一断面―佐世保養老院の成立と展開を中心に―」『岡山県立大学短期大学部研究紀要』第2巻，1995年，pp. 14 - 26
6) 前掲書，「老人福祉発達史の一断面―佐世保養老院の成立と展開を中心に―」p. 15
7) 同上書，p. 17
8) 最初の発刊日は大正十五年四月十五日であった。
9) 『大正十四年度　院報　佐世保養老院』大正十五年四月十五日，pp. 4 - 5
10) 同上書，p. 5
11) 同上書，p. 18
12) 『佐世保養老院々報　昭和六年十一月発行』昭和六年十一月二十日，p. 2
13) 『佐世保養老院々報　昭和七年十一月発行』昭和七年十一月二十五日，pp. 2 - 3
14) 同上書，p. 1
15) 小笠原祐次「公的救済の展開と施設の増設」『全国老人福祉施設協議会五十年史』全国社会福祉協議会，1984年，p. 85
16) 岡本多喜子「昭和初期における養老事業の動向―全国養老事業協会の成立をめぐって」『社会事業研究所年報』17号，日本社会事業大学社会事業研究所，1981年，pp. 124 - 125
17) 小笠原祐次「公的救済の展開と施設の増設」前掲書，p. 85
18) 『昭和七年七月第二回全国養老事業大会報告書』全国養老事業協会，p. 25
19) 『佐世保養老院々報　昭和八年九月発行』昭和八年九月二十日，p. 5
20) 『救護施設　佐世保養老院々報　昭和九年九月発行』昭和九年九月二十五日，p. 7
21) 『救護施設　佐世保養老院々報　昭和十年九月発行』昭和十年九月十日，p. 6
22) 『救護施設　佐世保養老院々報　昭和十一年八月発行』昭和十一年八月二十五日，p. 6
23) 『救護施設　佐世保養老院々報　昭和十二年七月発行』昭和十二年七月五日，p. 6
24) 『救護施設　佐世保養老院々報　昭和十三年七月発行』昭和十三年七月二十五日，p. 6
25) 『救護施設　佐世保養老院々報　昭和十四年八月発行』昭和十四年八月十日，p. 6
26) 小笠原祐次「公的救済の展開と施設の増設」前掲書，p. 86
27) 同上書，p. 86
28) 同上書，p. 86
29) 『佐世保養老院々報　昭和八年九月発行』昭和八年九月二十日，p. 5

30）『らくせい』社会福祉法人清風園，1973年
31）川添諦信「清風園との出会い五十年」『長崎県老人福祉』第7号，長崎県社会福祉協議会老人福祉部会，1976年，p. 35
32）『昭和十五年度　別府養老院年報』p. 9
33）詳しくは，井村圭壮「『社会事業法』成立期からの別府養老院の実践史研究」『中国四国社会福祉史研究』創刊号（第1号），中国四国社会福祉史研究会，2002年，pp. 43-53
34）『財団法人報恩積善会養老年報　昭和十年度』昭和十一年一月
35）『財団法人報恩積善会養老年報　昭和十一年度』昭和十二年一月
36）『財団法人報恩積善会養老年報　自昭和十二年四月一日至昭和十三年三月三十一日』昭和十三年四月
37）『財団法人報恩積善会養老年報　自昭和十三年四月一日至昭和十四年三月三十一日』昭和十四年四月
38）『財団法人報恩積善会養老年報　自昭和十四年四月一日至昭和十五年三月三十一日』昭和十五年四月
39）『財団法人報恩積善会養老年報　自昭和十五年四月一日至昭和十六年三月三十一日』昭和十六年四月
40）『財団法人報恩積善会養老年報　自昭和十六年四月一日至昭和十七年三月三十一日』昭和十七年四月
41）『財団法人報恩積善会養老年報　自昭和十七年四月一日至昭和十八年三月三十一日』昭和十八年四月
42）詳しくは，井村圭壮「『社会事業法』期の報恩積善会の実践的研究」『中国四国社会福祉史研究』第2号，中国四国社会福祉史研究会，2003年，pp. 63-80
43）『昭和十三年六月以降　提出書類控　財団法人神戸養老院』
44）『昭和十三年度　提出書類控』
45）『昭和十四年度　提出書類控』
46）『昭和十五年度　提出書類控』
47）『昭和十六年度　提出書類控』
48）同上書
49）『昭和十七年度　財団法人　福岡養老院事報』昭和十八年六月十五日，p. 6
50）田代国次郎「広島養老院の史的研究」『広島女子大学文学部紀要』第20号，1985年，p. 90
51）『救護施設　佐世保養老院々報　昭和十五年八月発行』昭和十五年八月十五日，p. 5
52）『救護施設　佐世保養老院々報　昭和十六年八月発行』昭和十六年八月十五日，p. 4
53）『昭和十三年十月　全国養老事業調査（第二回）』全国養老事業協会，昭和十三

年十二月二十五日，p. 41

第4章

「救護法」期の養老院の財源に関する研究
―特に「佐世保養老院」の財源を事例として―

◆ 第1節　経営手法の分析 ◆

　戦前期に創設された養老院において，戦火をくぐりぬけ，現在まで施設が継続し，同時に当時の原史料が適切に保存されているという例は少ない。本章で取り上げる「佐世保養老院」（現在の養護老人ホーム：清風園：佐世保市大和町）には，各年度の収支決算や事業内容を整理化した年次報告書，施設の広報化のための小冊子，あるいは施設の財源を維持するために作られた当時の原史料が多数保存されている[1]。本章は「佐世保養老院」の原史料を中心に活用し，経済不況期であった昭和初頭の1929（昭和4）年4月2日に公布された「救護法」期に焦点を絞り，その時期の養老院がいかに経営を維持していくか，その財源について分析する。このことは，「救護法」によって「救護施設」という公的社会事業施設へと変化し，そのことによって施設の財源がいかに変動するか，同時に軍国化へと突き進む中での民間施設の経営手法を考察する上での有効な研究方法であると考える。

　「佐世保養老院」は浄土宗僧侶，川添諦信（1900－1984）によって，1924（大正13）年4月12日，佐世保市本島町「善光寺」境内に創設された養老院である[2]。1925（大正14）年5月に福石免に移転，院舎1棟を新築し本格的な事業を展開した。この事業を創設期から支えたのが「佐世保仏教婦人救護会」であった。なお，養老院を運営していくことは，地域の支援組織の財源だけでは難しい点も多く，各施設は多様な側面からの事業収入を考案しなければならなか

った。例えば，1912（大正元）年9月に創設された「報恩積善会」（岡山市）では「吉備舞楽」「慈善音楽会」を西日本各地を中心に興行することによって事業収入を得ていた[3]。本章は，地方庁の補助金，助成金が少額ながら交付された時代に創設された養老院の財源を分析することを主眼とするが，特に，「佐世保養老院」に焦点を絞り，当時の養老院の財源の内実を整理することによって，戦時体制へと進む中での施設の経営手法を分析する。

◆ 第2節　創設期の財源 ◆

1. 年次報告書

1927（昭和2）年2月25日発行の『佐世保養老院と其内容』という小冊子（30頁）がある。発行所は佐世保市本島町一八「佐世保仏教婦人救護会」であった。この小冊子の文章には項目が付けられ以下のようになっている。

「新聞記事に動かされて決心」「同情金を募りて貧民に興ふ」「前途に望みを抱いて上京」「婦人会を組織して養老院を創設す」「始めて収容した三人の高齢者」「申込者殖えて新築移転」「略ぼ設備整ひ同情集まる」「貧児と院外救済」「救済申込の手続」「平和の安息所感謝の生活」「一定の労務なし」「拭き掃除も慰安法の一つ」「老人達の得意の技術」「焼芋と慰安法」「老人達のお化粧と試食会」「責任ある職員の世話ぶり」「収容者一人前の費用」「市補助と賛助会費」「市より魚類を寄附」「院舎増改築計画と助成の通達」「本院の苦心と努力」「宣伝と希望」。

こうした項目とその内容は施設の設立の経緯と同時に，養老事業への市民の理解，賛同といった施設の地域化，社会化あるいは広報化の意図のもとに作成されていた。上記の項目のひとつ「婦人会を組織して養老院を創設す」の中に「市内の，婦人有志方，二百余名の賛同を得て，佐世保仏教婦人救護会を組織した。（中略）佐世保養老院と，命名し，佐世保仏教婦人救護会の，附属事業として，益々，内容の充実に努めました。」[4]と記載されている。つまり，地域における支援組織の形成とともに養老院は設立された。施設に現存する最も古

い1925（大正14）年度の年次報告書（『院報』）には「院則」が掲載されているが，「院則第十条」に「本院の実況慈善家の氏名及寄贈金品等は本院発行の院報を以て公衆に報告す」5)とある。このことは先の小冊子と同様に，年次報告書を発行することによって養老事業を展開する上での地盤を形成するという施設側の経営手法を意味する6)。なお，大正期に創設された養老院において，年次報告書は上記の意味から欠くことのできない出版物であった。例えば，九州地方では，「別府養老院」（大正14年創設）が『別府養老院年報』を7)，「福岡養老院」（大正11年創設）が『福岡養老院事報』を8)，「長崎養老院」（大正13年創設）が『長崎養老院概要』を9)，また「佐賀養老院」（大正6年創設）が『財団法人佐賀養老院』10)を発行している。1925（大正14）年度の年次報告書の「院則」の「第六条」では「本院は賛助会員及慈善家より寄贈せられたる収入を以て維持資とす」と規定されているが，翌年の年次報告書には「佐世保養老院概要」が示され，「維持」として「市補助金，本山，宗務所，及教務所等の補助金，婦人会員及び賛助会員の会費，其他，一般篤志家の，寄附財物等による。」11)となり，多様な収入財源を考察している。

2. 施設の支援組織

表4-1には1926（昭和元）年度からの補助金を示しているが，1926（昭和元）年度には既に市からの「補助金」あるいは「宗務所補助金」「知恩院補助金」「教務所補助金」を受けている。1928（昭和3）年度には「慶福会助成金」1,019円20銭とある。これは「第一回拡張」として「宅地三百四十坪，礼拝堂一棟（五十四坪）事務所一棟（二十四坪二合五勺）収容所一棟（三十五坪）物置一棟（六坪）等を増改築」12)するための助成金であった。

このように1924（大正13）年4月に施設を創設し，翌1925（大正14）年5月には市内福石免六二五番地に院舎を一棟新築し移転，同年7月には長崎県知事より県内での寄付金活動の許可を受けている。こうした迅速な事業展開もひとつには支援組織である「佐世保仏教婦人救護会」の存在が大きかったといえ

第 4 章　「救護法」期の養老院の財源に関する研究

表 4 － 1　補助金

	県補助金	市補助金	宗務所補助金	知恩院補助金	教務所補助金	岩崎家助成金	慶福会助成金	内務省助成金	御下賜金
昭和元年度		100円	30円	80円	30円				
昭和2年度		100	50		60				
昭和3年度	60	100	200		30		1,019.20		
昭和4年度	100	100	100	50	30				
昭和5年度	120	100	100		30				
昭和6年度	120	100	100	50	60				
昭和7年度	120	100	300	100	60	500			
昭和8年度	120(75特別補助金)	100	300	50	50	500	327	有	100
昭和9年度	195	100	100	100	50	400	268	有	100
昭和10年度	1,165	190(市町村)	100			300	1,595	有	100
昭和11年度	110	525(市町村)	200			300		有	100
昭和12年度	110	170(市町村)	300			300		2000	100
昭和13年度	100	220(市町村)	150			200		770(厚生省補助金)	100
昭和14年度	135	205(市町村)	195			200		有	200
昭和15年度	130	240(市町村)	245			200		有	100

出所：各年次報告書より作成

よう。支援組織，支援母体の形成は養老院を立ち上げる上でのひとつの手法であった。先に示した「別府養老院」には「養老婦人会」が，「福岡養老院」には「福岡仏心会」が，「長崎養老院」には「長崎大師会」が，「佐賀養老院」には「佐賀仏教婦人会」が組織されていた。なお，支援組織は施設によって幾分形態を異にしており，「福岡養老院」は福岡市内曹洞宗各寺院の住職等による「福岡仏心会」とともに檀家による「星華婦人会」が組織されていた。この「星華婦人会」は，施設への「慰問」や「養老院慈善托鉢　星華婦人会主催のもとに十月二十四同二十五日の二日間に亘りて誦経の声も厳かに，安国寺，明光寺をはじめ曹洞宗九ヶ寺の方丈雲衲方総動員の先達につれ陪喜の御婦人方百数十人甲斐々しい足ごしらへで市内を廻られました。」[13]といった活動を行い施設を支援していった。これに対し「佐世保養老院」においては，年次報告書に「経営　佐世保仏教婦人救護会の，附属事業」[14]として規定されているが，表

表4－2　養老婦人会歳入決算

	会費	預金利子	繰越金	合計
昭和元年度	120円50銭	93銭	1円57銭	123円
昭和2年度	108.60	.76	8.00（寄付金）	117.36
昭和3年度	98.10	1.39		99.49
昭和4年度	80.20	.99	2.00（寄付金）	83.19
昭和5年度	67.40	.97	2.00（寄付金）	70.37
昭和6年度	57.50	.77	52.53	110.80
昭和7年度	52.20	.74	60.80	113.74
昭和8年度	34.50		57.74	92.24
昭和9年度	44.40	2.57	42.24	89.21
昭和10年度	41.30		17.21	58.51
昭和11年度	39.00	.94	6.51	46.45
昭和12年度	38.40	.19	14.45	53.04
昭和13年度	34.80	.88	16.04	51.72
昭和14年度	30.00		17.17	47.17
昭和15年度	30.00	.46	15.17	45.63

出所：各年次報告書より作成

4-2に示すように施設の財源の側面においては年ごとに縮小化している。なお，年次報告書には毎年「養老婦人会歳入歳出決算」を掲載した。「養老院寄附」は以下のようになる。1926（昭和元）年度「六〇」円[15]，1927（昭和2）年度「六〇」円[16]，1928（昭和3）年度「五〇」円[17]，1929（昭和4）年度「五〇」円[18]，1930（昭和5）年度「五〇」円[19]，1931（昭和6）年度「五〇」円[20]，1932（昭和7）年度「五〇」円[21]，1933（昭和8）年度「五〇」円[22]，1934（昭和9）年度「五〇」円[23]，1935（昭和10）年度「五〇」円[24]，1936（昭和11）年度「三〇」円[25]，1937（昭和12）年度「三〇」円[26]，1938（昭和13）年度「三〇」円[27]，1939（昭和14）年度「三〇」円[28]，1940（昭和15）年度「三〇」円[29]。

また，「佐世保養老院後援会」が組織され，1926（昭和元）年度の年次報告

表4−3 歳入合計，賛助金等

	歳入合計	賛助会費	寄附金	合計	補助金	委託救護費
昭和6年度	4,281円20銭	737円00銭	2,748円16銭	3,485円16銭	430円	9円
昭和7年度	7,563.73	702.80	2,011.11	2,713.91	1,180.00	318.00
昭和8年度	8,779.21	600.40	4,108.81	4,709.21	1,522.00	662.45
昭和9年度	8,318.78	591.30	3,772.60	4,363.90	1,213.00	943.55
昭和10年度	15,331.84	567.90	2,733.86	3,301.76	3,500.00	942.16
昭和11年度	7,952.93	513.80	3,263.82	3,777.62	1,235.00	1,110.15
昭和12年度	8,173.94	503.40	2,289.51	2,792.91	2,880.00	1,063.25
昭和13年度	6,782.51	529.50	3,218.46	3,747.96	770.00	902.55
昭和14年度	10,803.56	450.25	7,173.89	7,624.14	635.00	993.90
昭和15年度	11,466.05	437.00	3,872.13	4,309.13	715.00	2,297.55

出所：各年次報告書より作成（注記：賛助会費，寄附金，補助金等で統一しているため，この表には雑収入，貸地金等は記載していない）

書には「会則の大要」[30]が掲載された。表4−3に示すように歳入合計においては「賛助会費」「寄附金」の占める割合が大きかった。「賛助会費」に関しては「賛助会員」として以下のような会員の位置づけを行っていた。つまり「一，名誉会員　毎月二円以上　五ヶ年間　一時金百円以上　一，有功会員　毎月一円以上　五ヶ年間　一時金五十円以上　一，特別会員　毎月五十銭以上　五ヶ年間　一時金三十円以上　一，普通会員　毎月二十銭以上　五ヶ年間　一時金十円以上」[31]と規定し，各年次報告書に金額とともに氏名，町名を隈なく記載した。

　創設者である川添諦信は地域住民の賛助や寄付がなければ施設は維持できないことを強く意識化しており，同時に金品の寄付だけでなく，施設が地域に根付く社会的側面も年次報告書に記載した。一例を挙げると次のようになる。

「裁縫高女の慰安会
　　佐世保高等裁縫女学校では昭和十二年一月二十日開校記念祝賀会挙行に際し本院老人一同を招待し在校生徒の歌劇其他。保護者会員の余興等を以て慰安し在校生徒の作品其他を贈呈され職員生徒一同の斡旋で楽しき終日を過し老人一同非常なる感謝と満足とに感激を深くした。

尚当日保護者会長前田竹次郎氏は在院者一同に記念品を贈呈さる。謹で感謝の意を表す。」32)

「護国院の敬老会

海軍墓地入口尊皇山護国院にては昭和十一年五月大法会に際し敬老会を催し本院高齢者一同を招待し説教余興等の後老人一同を別室に招待して酒食を供し西田師自ら其間を斡旋し半日を楽しき法筵の中に送り記念品等を贈呈され感謝と満悦とに感激した。

謹んで感謝の誠を表す。」33)

上記の文章は，養老院が地域に浸透し，地域の中の社会的公的施設であることを意識しており，「佐世保養老院」を創設期から支えた「佐世保仏教婦人救護会」の存在とともに地域化の視点が読み取れる 34)。

◆ 第3節　救護法 ◆

1. 救護費

表4-3において昭和6年度の「委託救護費」が9円と記されている。その後,「委託救護費」は昭和7年度318.00円，昭和8年度662.45円であるが，これは1929（昭和4）年3月23日に成立し，4月2日に公布された「救護法」による「救護費」を示している。なお，第56回帝国議会（衆議院）の附帯決議で「本法ハ昭和五年度ヨリ之ヲ実施スヘシ」とされたにもかかわらず,「救護法」が1932（昭和7）年1月1日から実施に移された経緯についてはよく知られている。「佐世保養老院」において，表4-3に示すように，昭和6年度「委託救護費」9円とあるのは，1931（昭和6）年度の「歳入出決算書」から抽出したものであり35)，この決算書が1932（昭和7）年11月発行の年次報告書に記載されていたことを含めて推察すると,「救護法」実施後の公的費用と考えられる。

2. 救護施設

年次報告書の中に「1932　本院日誌抜萃」があり，その中に「三月九日　救

護施設認可　長崎県知事より救護法による救護施設設置の件認可せらる。」[36]）と記載されている。よって「佐世保養老院」は1932（昭和7）年度末，1933（昭和8）年の3月9日に「救護施設」として法律上認可されたことになる。1931（昭和6）年度の歳入出決算書が1932（昭和7）年11月25日発行の年次報告書に載っており[37]），1932（昭和7）年度の歳入出決算書が1933（昭和8）年9月20日発行の年次報告書に記載されていることから[38]），年度末での決算であると推察できる。ただし，1932（昭和7）年11月25日発行の年次報告書の「入院手続（内規）」には「一，本院は左記該当者を収容し救護す　一，救護法に依り救護を受くる年齢六十五歳以上の老衰者及不具廃疾にして市町村長の委託に依るもの」[39]）と規定されている。このことから「佐世保養老院」は「救護施設」として認可される以前から「救護法」という規定で施設運営を掲げていたことになる。

3. 救護法による財源上の影響

上記の点は川添が，1932（昭和7）年7月18日に上京し，「第二回全国養老事業大会」に出席したことと関連があるとも考えられる。この大会の議事内容は「一，養老事業の改善整備に関する件　二，養老院内の処遇方法　三，救護法の実施に伴ひ養老事業に及す影響　四，養老事業年報に関する件」[40]）であったが，議事の進行は「第三救護法の実施に伴ひ養老事業に及ぼす影響の方を前に議すること」[41]）とされ，各施設からの報告があった。例えば以下のような報告があった。

「大阪養老院長岩田民次郎氏　救護法実施後一般人士の私設救護事業経営に対する同情が減じたと言ふことが出来ます。（中略）私共では現在総収容者百二十二名の中救護法で救護を受けている者は僅か三名に過ぎないのでありますが，余りにも経営困難に陥つた結果，その三名以外の収容者を一旦退院せしめ更めて救護法に依る被救護者として収容する様な手続にして貰わねばなるまいかと思ふ程であります。」[42]）

「広島養老院長本林勝之助氏　私共でも現在五十名の収容者中救護法に依る委託は僅か五名であります。(中略) 寄附金は集らない,内務省からの奨励金は半減されるでは到底立ち行く筈がありません。政府,府県,市等ではこの点を御諒察の上奨励金を増して下さるか或は尠くとも収容者の三分の一位は委託として下さるか何とか方法を講じて貰ひたいと思ひます。」[43]

「救護法」による被救護者が少ない点,また寄附金あるいは奨励金,補助金の減少等が報告されている。「佐世保養老院」においては表4-1をみる限り,「県補助金」「市補助金」の減少はみられない。また,表4-3においてわかるように「賛助会費」の減少はみられるが,「救護法」による「委託救護費」は昭和7年度318.00円,昭和8年度662.45円,昭和9年度943.55円と増加傾向にあった。小笠原祐次は当時の「救護法」の適用について「浴風園のようにもともと救護法適用外の老人を収容する養老院は別にしても,適用率が五〇パーセントから一〇〇パーセントまでに広がっており,昭和十年などは聖ヒルダ養老院の八パーセントから,佐世保養老院の一〇〇パーセントまで大きな差異があり,道府県によって適用に相当の幅のあったことも明らかである。」[44]と指摘している。事実「佐世保養老院」の場合,1934(昭和9)年3月の時点で「全法ニ関係セザルモノ」が皆無となっており[45],この時点で全員が「救護法関係者」[46]であることが年次報告書に明記されている。このことは「八年度中の収容者異動」の表において「十月」に11名の退院があった点[47],また1933(昭和8)年度の退院数は合計で12名であったことを考えあわせても,「十月」に11名というデータは意図的な「救護法」への対応を意味するものと考えられる。

表4-3における「委託救護費」の増加は,表4-4に示している「年齢及び救護法区分」からも推察されるように,「昭和9年3月」「昭和10年3月」ともに「全法ニ関係ナキモノ」は0名となっている。川添は「佐世保養老院」が1933(昭和8)年3月9日に「救護施設」として認可される前年の1932(昭和7)年11月発行の年次報告書である『佐世保養老院々報』の表紙に「創立十周年記念事業　第二回院舎拡張　救護法の実施と共に要救護者次第にその数を増し

第4章 「救護法」期の養老院の財源に関する研究

表4-4 年齢及び救護法区分　　　　　　　　　　（人）

	六〇歳未満			六〇歳以上			七〇歳以上			八〇歳以上			救護法関係者	全法ニ関係ナキモノ
	男	女	計	男	女	計	男	女	計	男	女	計		
6年度末	1	0	1	3	0	3	3	1	4	1	2	3	9	2
7年度末	12	3	15	2	0	2	3	2	5	1	2	3	15	11
昭和9年3月	5	1	6	2	3	5	3	2	5	2	4	6	22	0
昭和10年3月	7	1	8	4	3	7	3	3	6	2	3	5	26	0
昭和11年3月	5	1	6	3	3	6	1	3	4	1	3	4	14	6
昭和12年3月	8	1	9	1	2	3	2	5	7	1	2	3	19	3
昭和13年3月現在	4	1	5	1	2	3	1	4	5	3	1	4	17	0
昭和14年3月末現在	2	2	4	3	4	7	1	3	4	0	1	1	15	1
昭和15年3月末現在	5	7	12	3	3	6	3	1	4	1	1	2	15	8
昭和16年3月現在	4	7	11	2	5	7	3	1	4	0	1	1	16	7

出所：各年次報告書より作成

院舎狭隘を告げるの際院舎を拡張して趣旨の徹底に努む」と記している。つまり，「佐世保養老院」において，「救護法」は公的養老事業施設としての社会的機能を果たす上で必要不可欠な法律であったと考えられる。ただし，その認可が「救護法」が実施された翌年になった点については不明である。因みに九州地方の養老院の認可日を調べてみると，「別府養老院」が1932（昭和7）年5月27日[48]，「小倉市西山寮」が1932（昭和7）年7月[49]，「佐賀養老院」が1932（昭和7）年5月[50]，「鹿児島養老院」が1933（昭和8）年3月[51]となっており，「救護法」が実施された年にすべての施設が認可されたわけではなかった。

◆ 第4節　事業収入 ◆

1. 書画展の実施

表4-1に示す「補助金」において，昭和10年度は「県補助金」1,165円，「慶福会助成金」1,595円と急激な増加が表れている。これは1935（昭和10）年3月30日に長崎県から第2回目の施設拡張工事の許可を受けて，事業収入の拡大を図ったことが要因といえる。また，表4-3において昭和10年度の「歳入合計」が15,331円84銭に増加している。この現象は昭和14年度，昭和15年

度にも表れている。この点は川添が事業の拡大，財源確保のため高僧名士の書画の寄贈を受け，各地でその即売会を開催したことによる影響が大きい。1935（昭和10）年2月16日から18日まで福岡の「ハカタ玉屋」で「第一回書画会」「収入高」635円[52]，同年5月9日から13日まで「熊本千徳」で「第二回書画会」「収入」218円[53]，1936（昭和11）年3月9日から11日まで「鹿児島山形屋」で「第三回書画会」「収入高」292円[54]，1936（昭和11）年10月8日から12月7日まで「台湾」で「第四回書画展」「収入高」1,535円[55]，1938（昭和13）年「二月三日　五日間本院第五回書画展佐世保玉屋に於て開催」[56]，1938（昭和13）年10月11日から11月6日まで「北海道」で「第六回書画展」「収入高」418円[57]，1939（昭和14）年1月13日「青島善導寺」で「第七回書画展」「収入高」465円[58]，1939（昭和14）年9月2日から12月14日まで「満州」で「第八回書画展」「金」6,144円[59]，1940（昭和15）年9月16日から10月29日まで「朝鮮」で「第九回書画展」「金」1,483円[60]，1940（昭和15）年11月19日から25日まで「第十回書画展」「金」250円[61]。このように海外まで足を運び事業収入に邁進した。

2. 海軍からの寄付

　佐世保は軍港とともに発展した地であった。1886（明治19）年5月，「佐世保鎮守府」の設置が公布され，1890（明治23）年4月26日には鎮守府の開庁式が行われた[62]。1902（明治35）年4月1日には市制を施行し，1904（明治37）年～1905（明治38）年の日露戦争によって佐世保は大きく発展したといわれている[63]。日露戦争では，佐世保軍港は日本海軍の国内前線基地，なかでも修理，補給基地として機能していった[64]。こうした軍港としての発展は佐世保という地の多様な社会的資源と関連が形成されていくことになるが，「佐世保養老院」においても海軍との関連，交流がみられた。例えば，次のような文章が昭和3年度の年次報告書に載せられた。

　「金五十円宛貧民と養老院とに

第4章 「救護法」期の養老院の財源に関する研究

　世智辛くて人情紙より薄い世の中に，之れはまた涙ぐましい人情美である，第一遣外艦隊所属で漢口碇泊中の，軍艦利根機関科下士官兵は，御大典記念事業の意味に於て，一同代表者藤崎氏の名を以て，軍港新聞社に宛て伝達方を乞ふとて，佐世保市貧民救助基金並に佐世保養老院の養老費として，金五十円づつ都合百円を送つて来たので新聞社では近来にない此の奇特行為に感激し，直ちに本院に寄せられました。」[65]

　また，昭和3年度の年次報告書からは，毎年，以下のような海軍との交流記事が載せられている。

「　佐世保海軍部内から
　　集る真心の花
　　陸に海に白熱的御同情を奉感謝只管斯業に熱中するのみ。

金五円也	井上駒橋艦長殿
金二円六十五銭也	軍艦駒橋士官室御中
金一円二十銭也	軍艦駒橋准士官室御中
金一円二十銭也	軍艦駒橋下士官室御中
金四十銭也	軍艦陸奥　藤原武士外五名殿
金二円二十八銭也	呂号六五潜水艦　川西政市殿
金二十円也	海兵団　無名水兵殿
拾二円也	某艦　無名氏殿　（右は禁酒記念寄付）
金三円也	海軍機関特務中尉　菱田賢蔵殿
金五円也	海軍兵曹　無名氏殿
金五十円也	軍艦利根機関科下士官兵一同

」[66]

　昭和3年度からは表4-5に示すように，佐世保海軍部内からの寄付が年次報告書に記載されるようになった。また，表4-6に示しているが，昭和5年度からは「佐世保海軍工廠」からの寄付が年次報告書に記入されている。工廠からの寄付には「慈善袋数」とともに金額が記入してあり，最後の年次報告書の昭和16年は1万を越える「慈善袋」が「佐世保養老院」に寄付されている。

第4節 事業収入

表4-5 佐世保海軍部内からの寄付

	海軍病院	海兵団	海軍工廠	港務部	軍需部	航空隊	防備隊
昭和3年度	50円	191円32銭	125円43銭	17円30銭	35円10銭		
昭和4年度			96.63				
昭和5年度	23.00			8.93			
昭和6年度	32.55 9.60	27.93	110.345				
昭和7年度	49.87	9.83	128.76			23.19	9.07
昭和8年度	40.21	22.98	109.44	0.60	5.42		4.51
昭和9年度	65.62	78.89	207.51		8.35	10.77	9.13
昭和10年度	55.54	36.07	148.25	1.21	6.01	9.43	
昭和11年度	54.66 9.30	34.60			6.69	8.96	1.56

出所:各年次報告書より作成

表4-6 佐世保海軍工廠からの寄付

	総務部		造兵部		航空機部		造船部		造機部		会計部		医務部		工員養成所		合計	
	慈善袋数	金額	慈善袋数	金額	慈善袋数	金額	慈善袋数	金額	慈善袋数	金額	慈善袋数	金額	慈善袋数	金額	慈善袋数	金額	慈善袋数	金額
昭和5年度	71	6円45	324	25円54			189	24円35	290	26円40	110	10円20	12	2円25	1	2円00	997	97円19
昭和6年度																		110.345
昭和7年度																		128.76
昭和8年度	36	3.55	445	48.79			263	31.49	205	18.62	56	6.39	6	.60				109.44
昭和9年度	27	2.75	753 外1	73.88 5.00	106	10.91	743 外4	74.99 7.85	278	25.51	68	6.62					1,980	207.51
昭和10年度	32	3.20	420	47.51	88	9.62	529	57.52	206	23.43	57	6.97					1,332	148.25
昭和12年 7月28日分	10	1.00	354	39.80	51	5.55	757	87.78	11	39.52	440	5.01	19	1.65			1,591	185.46
昭和13年 2月15日分	129	12.80	501	51.40	182	20.39	675	71.04	423	43.84	205	20.82					2,115	230.79
昭和14年 2月分	177	11.24	920	71.97	981	65.40	1515	129.13	750	64.79	490	35.49			15	.88	4,848	378.90
昭和15年 3月分	46	6.78	1,247	93.35	1,528	76.51	2,306	144.95	812	60.34	451	37.83	33	2.07			6,423	421.83
昭和16年 1月10日拝受	416	25.61	2,084	131.04	3,058	157.36	2,124	128.17	1,643	94.89	689	44.59	34	0.97	72	5.59	10,120	588.22
昭和16年 3月18日拝受			281	17.28			173	12.30									454	29.58

出所:各年次報告書より作成

川添は1928（昭和3）年4月20日に託児所「海光園」を「佐世保養老院」と同じ敷地内に創設したが，この点も海軍との関連に起因していると考えられる。保護者の職業が「昭和六年十二月調」以降，年次報告書に記載されているが，海軍関係が最低で48.8％，最高で83.0％に達している。海軍関係の保護者の人数と保護者全体からの比率を抽出してみると以下のようになる。「昭和六年十二月調」「海軍々人」26名「海軍職工」52名（保護者全体の60.0％）[67]，「昭和八年三月調」「海軍々人」26名「海軍職工」41名（49.6％）[68]，「昭和九年四月調」「海軍々人」37名「海軍工廠」65名（56.0％）[69]，「昭和十年五月現在」「海軍々人」27名「海軍職工」56名（48.8％）[70]，「昭和十一年六月現在」「海軍々人」61名「海軍職工」83名（77.0％）[71]，「昭和十二年四月現在」「海軍々人」84名「海軍職工」47名（63.0％）[72]，「昭和十三年四月現在」「海軍々人」72名「海軍工員」59名（65.5％）[73]，「昭和十四年四月現在」「海軍々人」71名「海軍工員」85名（比率不明）[74]，「昭和十五年四月現在」「海軍々人」61名「海軍工員」76名（比率不明）[75]，「昭和十六年四月現在」「海軍々人」55名「海軍工廠工員」111名（83.0％）[76]。このように託児所「海光園」には海軍関係の保護者が多く，軍港としての佐世保と養老院，託児所とには深い関連があった。先に述べた事業収入である書画展においても海軍大将等からの多数の寄贈が施設内に保存されている原史料（揮毫名簿）に記されている[77]。

◆ 第5節　社会事業法の実施 ◆

1938（昭和13）年4月1日には「社会事業法」が公布され，7月1日から実施された。「社会事業法」施行後は第11条の規定により補助金を交付することになったが，「国庫補助金の増額が行われた一方で，地方費補助金は補助対象団体数及び金額ともに大きく減少した」[78]との指摘がある。「厚生省生活局保護課調」をみても，1936（昭和11）年度の「道府県」の補助金は対象団体数3,718，金額776,682円であったが，1938（昭和13）年度には対象団体数756，金額419,300円へと減少している[79]。

「佐世保養老院」の場合，「県補助金」は，表4−1に示したように，昭和10年度は施設の第2回目の拡張工事のための補助金として増額されているが，もともと100円台と少額であったこともあり，「社会事業法」による影響はみられなかった。また，「市補助金」も昭和10年度頃から増加傾向を示している。ただし，表4−2に示した「養老婦人会」の「会費」，あるいは表4−3に示した「賛助会費」は年ごとに減少していった。

1931（昭和6）年9月18日の満州事変，1932（昭和7）年1月28日，上海事変，同年3月1日には満州国建国宣言があった。こうした臨戦体制のもとで国民の生活は困窮化し，養老院の支援組織とその活動は続けられていくが，弱少化していったことも事実であった。よって，先に述べた1935（昭和10）年から10回にも及ぶ「書画展」は，こうした軍国化の流れの中でいかに施設を財源上維持していくかという施設の苦悩的実践であった。表4−3に昭和14年度の「寄付金」が，7,173円89銭と増加しているが，これは1939（昭和14）年9月21日から12月14日までの「満州」での「第八回書画展」による収入6,144円に起因するものであった。

◆ 第6節　社会事業法の変貌と社会との関連性 ◆

「救護法」の実施によって民間の養老院は道府県に認可の事務手続きを行い，地域における公的養老事業施設としての社会的位置づけを求めていった。本文では九州地方の施設の認可日の一例を示したが，他の地方を調べてみると，「札幌養老院」1934（昭和9）年6月21日[80]，「函館慈恵院」1932（昭和7）年10月24日[81]，「聖園養老院」（秋田県）1932（昭和7）年6月13日[82]，「秋田聖徳会養老院」1933（昭和8）年5月3日[83]，「佐渡養老院」1934（昭和9）年7月1日[84]，「小野慈善院」（石川県）1932（昭和7）年6月22日[85]，「東京養老院」1932（昭和7）年3月[86]，「大勧進養育院」（長野県）1932（昭和7）年5月12日[87]，「滋賀養老院」1933（昭和8）年2月[88]，「京都養老院」1932（昭和7）年3月12日[89]，「大阪養老院」1932（昭和7）年7月1日[90]などといった記録が

残っている。「札幌養老院」のように1934（昭和9）年に認可を受けている施設もあるが，こうした公的「救護施設」への変化は民間の養老院にとっては地域における公的，社会的位置づけへの期待と同時に本文で述べたように経営上の混乱を引き起こした。昭和初期には1932（昭和7）年1月31日に創設された「全国養老事業協会」によって，雑誌『養老事業』の発行，「全国養老事業調査」など，養老事業の近代化も見られたが，同年7月20日に内務省社会局大会議室で開催された「第二回全国養老事業大会」においても，議事の大半は「救護法の実施に伴ひ養老事業に及ぼす影響」に割かれたのであった。「佐世保養老院」においては助成金，補助金等の施設の財源上への影響はみられなかった。また，表4-5，表4-6に示したように，「佐世保海軍部内」「佐世保海軍工廠」からの寄付のような地域との交流もみられたが，表4-2に示したように地域の中から形成された支援組織であった「養老婦人会」の「会費」，あるいは表4-3における「賛助会費」は1932（昭和7）年度あたりから減少していった。こうした現象は1938（昭和13）年に「社会事業法」が実施され，臨戦体制へと突き進む中での国民の生活の困窮と同時に，国家統制による変化を示唆していることは否定できない歴史的事象であろう。

〈注〉
1) なお，「佐世保養老院」の年次報告書及び小冊子は，復刻版として，『老人問題研究基本文献集』第28巻，大空社，1992年に掲載されている。
2) 「養老院」という表現は，戦前期においては一般化した用語ではある。なお，1929（昭和4）年制定の「救護法」では「養老院」と規定され，また，戦後，1950（昭和25）年制定当時の「生活保護法」では「養老施設」という規定があった。
3) 井村圭壯「高齢者福祉発達史の一断面（Ⅲ）―大正期の報恩積善会の成立と展開を中心に―」『岡山県立大学短期大学部研究紀要』第5巻，1998年，pp. 22-36
4) 『佐世保養老院と其内容』佐世保仏教婦人救護会，昭和二年二月二十五日，pp. 6-7
5) 『大正十四年度　院報　佐世保養老院』大正十五年四月十五日，p. 2

第6節　社会事業法の変貌と社会との関連性

6) 「佐世保養老院」の年次報告書は大正十四年度から昭和十五年度までのものが施設に保存されている。なお、部数に関しては「昭和十年度本院事業報告書本日二千部出版した。」(『救護施設　佐世保養老院々報』昭和十二年七月五日, p. 22) という記載があった。
7) 大正14年度から昭和16年度のものが現存する。
8) 昭和11年度から昭和22年度のものが現存する。
9) 昭和3年度、昭和4年度のものが現存する。
10) 大正13年度のものが現存する。
11) 『昭和元年度　佐世保養老院院報』昭和二年十月十日, p. 2
12) 『佐世保養老院々報 (昭和七年十一月発行)』昭和七年十一月二十五日, p. 3
13) 『昭和十一年度　財団法人　福岡養老院事報』昭和十二年六月二十日, pp. 44–45
14) 『昭和元年度　佐世保養老院院報』昭和二年十月十日, p. 2
15) 同上書, p. 29
16) 『昭和二年度　佐世保養老院院報』昭和三年十二月三十日, p. 27
17) 『昭和三年度　佐世保養老院院報』昭和四年十月, p. 24
18) 『昭和四年度　佐世保養老院院報』昭和五年十一月, p. 19
19) 『佐世保養老院々報　昭和六年十一月発行』昭和六年十一月二十日, p. 21
20) 『佐世保養老院々報　昭和七年十一月発行』昭和七年十一月二十五日, p. 18
21) 『佐世保養老院々報　昭和八年九月発行』昭和八年九月二十日, p. 20
22) 『救護施設　佐世保養老院々報　昭和九年九月発行』昭和九年九月二十五日, p. 22
23) 『救護施設　佐世保養老院々報　昭和十年九月発行』昭和十年九月十日, p. 20
24) 『救護施設　佐世保養老院々報　昭和十一年八月発行』昭和十一年八月二十五日, p. 24
25) 『救護施設　佐世保養老院々報　昭和十二年七月発行』昭和十二年七月五日, p. 22
26) 『救護施設　佐世保養老院々報　昭和十三年七月発行』昭和十三年七月二十五日, p. 20
27) 『救護施設　佐世保養老院々報　昭和十四年八月発行』昭和十四年八月十日, p. 20
28) 『救護施設　佐世保養老院々報　昭和十五年八月発行』昭和十五年八月十五日, p. 19
29) 『救護施設　佐世保養老院々報　昭和十六年八月発行』昭和十六年八月十五日, p. 17
30) 『昭和元年度　佐世保養老院院報』昭和二年十月十日, p. 30
31) 同上書, p. 7
32) 『救護施設　佐世保養老院々報　昭和十二年七月発行』昭和十二年七月五日, p. 21
33) 同上書, p. 21
34) 井村圭壯「高齢者福祉施設清風園の歴史的考察」『草の根福祉』第31号, 2000

年, pp. 109-110
35)『佐世保養老院々報　昭和七年十一月発行』昭和七年十一月二十五日, p. 5
36)『佐世保養老院々報　昭和八年九月発行』昭和八年九月二十日, p. 19
37)『佐世保養老院々報　昭和七年十一月発行』昭和七年十一月二十五日, p. 5
38)『佐世保養老院々報　昭和八年九月発行』昭和八年九月二十日, pp. 5-6
39)『佐世保養老院々報　昭和七年十一月発行』昭和七年十一月二十五日, p. 2
40)『昭和七年七月　第二回全国養老事業大会報告書』全国養老事業協会, 昭和七年七月, p. 2
41) 同上書, pp. 23-24
42) 同上書, p. 24
43) 同上書, pp. 24-25
44) 小笠原祐次「公的救済の開始と施設の増設」『全国老人福祉施設協議会五十年史』全国社会福祉協議会, 1984 年, p. 85
45)『救護施設　佐世保養老院々報　昭和九年九月発行』昭和九年九月二十五日, p. 5
46) 同上書, p. 5
47) 同上書, p. 5
48)『昭和七年度　別府養老院年報』昭和八年三月末日, p. 3
49)『昭和十三年十月　全国養老事業調査（第二回）』全国養老事業協会, 昭和十三年十二月二十五日, p. 93
50) 同上書, p. 96
51) 同上書, p. 100
52)『救護施設　佐世保養老院々報　昭和十年九月発行』昭和十年九月十日, p. 15
53) 同上書, p. 16
54)『救護施設　佐世保養老院々報　昭和十一年八月発行』昭和十一年八月二十五日, p. 14
55)『救護施設　佐世保養老院々報　昭和十二年七月発行』昭和十二年七月五日, p. 14
56)『救護施設　佐世保養老院々報　昭和十三年七月発行』昭和十三年七月二十五日, p. 19
57)『救護施設　佐世保養老院々報　昭和十四年八月発行』昭和十四年八月十日, p. 9
58) 同上書, p. 10
59)『救護施設　佐世保養老院々報　昭和十五年八月発行』昭和十五年八月十五日, p. 9
60)『救護施設　佐世保養老院々報　昭和十六年八月発行』昭和十六年八月十五日, p. 9
61) 同上書, pp. 9-10
62) 佐世保市史編さん委員会『佐世保市政七十年史上巻』佐世保市, 1975 年, pp. 78-79

第6節　社会事業法の変貌と社会との関連性　　57

63）同上書, p. 82
64）同上書, p. 82
65）『昭和三年度　佐世保養老院院報』昭和四年十月, p. 14
66）同上書, p. 14
67）『佐世保養老院々報　昭和七年十一月発行』昭和七年十一月二十五日, p. 23
68）『佐世保養老院々報　昭和八年九月発行』昭和八年九月二十日, p. 24
69）『海光園事業報告書　昭和九年九月発行』昭和九年九月二十五日, p. 6
70）『海光園事業報告書　昭和十年九月発行』昭和十年九月十日, p. 6
71）『海光園事業報告書　昭和十一年八月発行』昭和十一年八月二十五日, p. 6
72）『海光園事業報告書　昭和十二年七月発行』昭和十二年七月五日, p. 6
73）『海光園事業報告書　昭和十三年七月発行』昭和十三年七月二十五日, p. 6
74）『海光園事業報告書　昭和十四年八月発行』昭和十四年八月十日, p. 7
75）『海光園事業報告書　昭和十五年八月発行』昭和十五年八月十五日, p. 6
76）『海光園事業報告書　昭和十六年八月発行』昭和十六年八月十五日, p. 6
77）『創立十周年記念書画揮毫芳名録（第一回）佐世保養老院』昭和八年八月三十一日現在
　　『第二回書画領布会抽籤名簿　佐世保養老院』
78）厚生省五十年史編集委員会編集『厚生省五十年史（記述篇）』財団法人厚生問題研究会, 1988年, p. 473
79）同上書, p. 474
80）『昭和十年九月　事業概要』札幌養老院, 昭和十年九月十日, p. 4
81）『事業要覧　函館慈恵院』社団法人函館慈恵院, 昭和十五年九月二十二日, p. 6
82）前掲書,『全国養老事業調査（第二回）』p. 78
83）『社会福祉法人秋田聖徳会要覧』
84）前掲書,『全国養老事業調査（第二回）』p. 61
85）『概要　陽風園』社会福祉法人陽風園, 1968年, p. 89
86）前掲書,『全国養老事業調査（第二回）』p. 48
87）『創立満五十周年記念　大勧進養育院概要』大勧進養育院, 昭和八年五月, p. 40
88）『経営事業要覧』大津市社会事業助成会, 昭和十年十一月十日, p. 1
89）前掲書,『全国養老事業調査（第二回）』p. 51
90）『道ひとすじ　大阪老人ホーム二代の足跡』社会福祉法人聖徳会, 1982年, p. 24

第5章

別府養老院の養老事業実践

◆ 第1節　実践的反応の考察 ◆

　本章は,「恤救規則」以来の公的救済立法である「救護法」の制定を契機として,養老事業の営みが社会事業の近代化の流れの中でいかに変遷していったかを,養老院の実践的側面の分析を踏まえて論述するものである[1]。特に,大正,昭和初期の養老院の運営の実態を制度,政策に規制されながら対応する実践者の活動を通して考察する[2]。

　なお,養老院という施設史を研究するにあたっては,社会福祉の構造的営みである対象者（生活者）,政策主体,実践者のからみあいを分析しなければならない。究極的には,社会福祉史とは政策主体の規制の中で対応する実践者（あるいは対象者も含んだ）の創造的な実践活動の歴史であると枠づけできよう[3]。

　一番ヶ瀬康子は,次のように指摘する。

「つまり,そこでの生活展開が,まさに直面していた壁や障害と当時の制度,政策との具体的な矛盾や摩擦が利用者側から把握され,それらが全体的な社会福祉政策,さらに政治,経済的諸状況や体制の問題とどうからまりあってのものであるかということへの求心的な探求が,必要なのではないだろうか。」[4]

　よって本章では,政策主体と対象者そして実践者との関係の中から,対象者の生活問題あるいは実践者の活動に視点をあて,歴史的社会的現実としての行政的,制度的政策に対する実践的反応を構造的関係の中から考察する。

◆ 第2節　社会事業の近代化と別府養老院の成立 ◆

　日清戦争から日露戦争にかけての慈善事業は，社会性と科学性を獲得しはじめ，近代化の契機をつくってゆくことになったといわれている[5]。大正期になると，独占資本主義の危機的現象により，経済事業の量的質的転換から，いわゆる「社会事業」の対象が生みだされ，大正後期には近代社会事業が成立するに至った。1917（大正6）年，内務省地方局に救護課が設けられ，1920（大正9）年には内務省に社会局が新設された。また，近代社会事業を補充するものとして，大正期には方面委員制度が成立した。1921（大正10）年には「中央慈善協会」が「社会事業協会」と改称され，社会事業の組織化，近代化が図られていった。

　養老事業は，こうした社会事業の成立とその近代化の時流のもとで発展を示したものであった。1925（大正14）年5月，「第七回全国社会事業大会」において「第一回養老事業懇談会」が開かれ，そこでの決議から，1925（大正14）年10月，「第一回全国養老事業大会」が開催された。大会は主に「大阪養老院」を会場にして，10月24日から26日までの間続けられた。参加者（養老事業関係者）は23施設，団体から42名であったが，その中に本章の研究対象施設である「別府養老院」の創設者，矢野嶺雄（1894‐1981）の姿があった。なお，大会2日目には「全国養老事業団体の連絡を計り更に事業の研究調査を継続的に進行する方法如何」[6]という提案が出され，「事務所を設け連絡をとること而して其事務所は大阪養老院に置くことに可決」[7]との決議がなされた。

　「別府養老院」（現在の別府高齢者総合ケアセンター　はるかぜ）は，1925（大正14）年，大分県宇佐郡長峰村（現在の宇佐市），曹洞宗光明寺の住職矢野嶺雄によって創設された施設である。矢野は1924（大正13）年，速見郡で開墾事業に従事し，托鉢願行を行う中で養老院設立の準備を進めていた。1925（大正14）年2月には別府市海門寺の一室を借り，「別府養老院」を開設した。翌1926（大正15）年11月，市内富士見区福永町に院舎88坪を新築し，本格的な

事業を開始する。

「別府養老院」では大正14年度から昭和16年度まで『年報』を発刊しており[8]，その中に養老院の「概要」が掲載されているので記しておく。

「別府養老院概要
  位置　大分県別府市福永町（下野口鉄道線路ノ傍）
  創立　大正十四年二月二十五日
  経営　養老婦人会
  目的　六十才以上ニシテ扶養義務者ナキ孤独ノ老衰者を救済シ其ノ天寿ヲ全フセシムルニアリ
  沿革　大正十三年六月創立者矢野嶺雄ハ別府市外南山荘ノ開墾ニ従事シ蔬菜ヲ栽培シ其収益ヲ経営資金トスベク努力セシモ同地ハ養老者唯一ノ慰安タル温泉ト飲料水ニ少ナカラズ不便ヲ感ズルヲ以テ，同年十二月八日別府市内海門寺境内ノ一宇ヲ借リ諸般ノ準備ヲ調ヘ長山黄龍氏ト協議ノ上茲ニ同十四年二月二十三日大分養老院ノ開院式ヲ挙グ，同年七月二十五日養老婦人会ヲ組織シ其後援ニヨリ市内北町ニ移転シ同時ニ別府養老院ト改名ス，同十二月二十五日総会ノ決議ニヨリ養老婦人会ノ事業トシテ経営スル事トナス，同十五年六月現福永町ニ地ヲトシ建築ニ着手シ十一月十八日竣成ト同事ニ新築院舎ニ移転ノ上着々其実績ヲ挙ゲツヽアリ」[9]

ここで「養老婦人会」とあるのは，養老院運営の支援組織を意味する。「養老婦人会」は別府市内の有志婦人によって組織され，「別府養老院」の財政基盤を確立することに貢献した。会長は別府市長神沢又市郎夫人，神沢キワであった。神沢キワは当時，愛国婦人会別府支部長を務めており，その別働団体として「養老婦人会」を結成した。ここで，「養老婦人会」の事業概要を記しておく。

「養老婦人会事業
　一．別府養老院

イ．創立　　大正十四年二月二十五日
　ロ．位置　　別府市福永町（下野口鉄道線路ノ傍）
　ハ．目的　　六十才以上ニシテ扶養者ナキ貧困者並敬老思想ノ普及徹底
　ニ．経営　　養老婦人会，市内有志ノ会費並特志寄附及県市ノ補助
　ホ．計画　　目下満員ニ附キ病室ノ増築（約一千円）
　ヘ．方針　　法人財団組織トシ更ニ適宜ノ事業ヲ経営セントス
　ト．収容　　目下十二名
　チ．死亡　　開院以来六名ノ死亡者ニ対シ鄭重ナル葬儀ヲ行ヒ追善ヲナス
　リ．恩賜　　御大典ニ際シ金二十八円八十銭恩賜
二．敬老会
　イ．第一回第二回ハ別府養老院ニ於テ開催セシモ本年ハ収容者ノ増員ニヨリ狭隘ヲ感ジ第三回ヲ鶴水園ニ於テ開催ス
　ロ．年中行事ノートシテ毎年開催ノ方針
　ハ．敬老会経費トシテ別ニ従来寄附ヲ募集セズ養老院ノ経費ヲ以テ施行セリ，今回ハ御大典奉祝ノ意味ニ於テ特ニ愛国婦人会別府幹事部ヨリ金三十円ノ補助ヲ受ケ，更ニ養老婦人会員ノ総動員ヲ以テ日章旗ヲ売リ純益役五十余円ヲ加ヘテ敬老会ノ経費ヲ補ヘリ（中略）
◎養老婦人会員募集内規
　一．毎月一円　二．毎月五十銭　三．毎月三十銭　四．毎月二十銭　五．毎月米五合
　御都合ニテ一年分又ハ半年分ヲ同時ニ頂戴致シマス
　　　　　昭和三年十一月天杯拝受日　　　　　別府養老院内　養老婦人会」

　大正期の養老院の創設の「一つの特徴は組織的支援母体をもっていたことにある」[10]といわれている。「救護法」制定前のこの段階では，必然的に仏教団体や婦人会の支援事業として経営が組織化されなければならなかった。例えば，「佐賀養老院」は「仏教婦人会」の付帯事業として，「福岡養老院」は「仏心会」の事業として，また「佐世保養老院」は「佐世保仏教婦人救護会」の支援

のもとに運営されていた。「養老婦人会」は「別府養老院」の財政的援助だけでなく，「敬老会」を開催し，敬老思想の普及にも貢献した。

◆ 第3節　救護法の施行による養老院の変貌 ◆

大正末期から昭和初期にかけて経済恐慌が広がりをみせる中，政府は救貧対策の見直しを迫られ，1926（大正15）年，「社会事業調査会」に対して社会事業の体系についての意見を求めた。1927（昭和2）年，社会事業調査会は「一般救護に関する体系」を答申したが，これに基いて内務省社会局は新法の検討に乗り出し，1929（昭和4）年「救護法」が成立した。

「救護法」は1932（昭和7）年にようやく施行され，養老院はこれによって「救護施設」と位置づけられることになった。養老院は「救護法」対象者を収容することで「救護費」として正式な公的資金の導入が行われた。このことで，「老齢の窮民を収容保護する施設として各施設が独自に行っていた経営努力に対し，ひとつの経済的な共通基盤」[11] を与えることになった。老人を処遇対象として

表5-1　年次別にみた各養老院の歳入にしめる救護費の割合　　　(％)

	大阪養老院	神戸養老院	佐世保養老院	前橋養老院	報恩積善会	別府養老院	岩手養老院	京都養老院（同和園）
昭和7年	3.5	22.1	4.2	－	－	21.3	18.8	－
8	－	23.2	7.5	17.8	16.9	35.6	20.0	76.7
9	－	21.5	11.3	19.8	13.7	29.6	21.2	75.9
10	4.5	15.9	6.1	－	11.6	34.2	－	－
11	－	14.7	14.0	29.7	22.0	35.1	13.2	70.1
12	4.1	11.0	13.0	28.1	20.4	25.8	35.6	62.3
13	5.0	11.9	13.3	29.1	27.3	28.2	15.9	62.0
14	3.0	10.8	9.2	28.6	24.7	32.2	38.0	54.6
15	3.8	19.6	20.0	36.8	28.5	40.1	20.7	61.2
16	1.4	20.3	－	35.9	31.3	41.7	42.2	59.1
17	2.6	25.3	－	38.5	26.3	－	41.3	54.8

出所：全国社会福祉協議会老人福祉施設協議会編
　　　『老人福祉施設協議会五十年史』全国社会福祉協議会，1984年，p.86

第3節 救護法の施行による養老院の変貌

施設というただ一つの共通点しかなかった全国の養老院は,「救護法」の実施にともない,それが共通基盤となり集結力が強まったともいわれている[12]。1932(昭和7)年,「全国養老事業協会」が設立されたが,これによって途絶えていた「全国養老事業大会」が7年ぶりに開催され,この大会で「救護法」実施に関する事項が中心となって論議されている。

表5-2 昭和七年度 歳入出決算書 自 昭和七年四月一日 至 昭和八年三月卅日

歳　入

科　目	決　算
第1款　前年度繰越金	132.84
1.　前年度繰越金	132.84
第2款　補　助　金	190.00
1.　大分縣補助金	90.00
2.　別府市補助金	100.00
第3款　寄　附　金	207.23
1.　寄　附　金	207.23
第4款　市町村委託金	413.33
1.　市町村委託金	413.33
第5款　會　　　費	993.64
1.　養老婦人會々費	709.20
2.　全慈善米見積	284.44
第6款　利　　　子	2.28
1.　預金利子	2.28
合　　計	1,939円32

歳　出

科　目	決　算
第1款　事　務　費	483.38
1.　手　　　當	主事其他報酬ナシ
2.　旅　　　費	59.00
3.　通　信　費	17.95
4.　備　品　費	60.04
5.　消　耗　品　費	92.66
6.　電　燈　費	32.35
7.　文　房　具　費	19.86
8.　印　刷　費	35.90
9.　新　聞　費	52.45
10.　雑　　　費	71.04
11.　協　會　費	29.00
12.　贈　答　費	13.13
第2款　給　食　費	810.38
1.　賄　　　費	696.34
2.　醫　療　費	20.24
3.　被　服　費	50.00
4.　給　與　費	25.30
5.　弔　祭　費	18.50
第3款　管　理　費	177.80
1.　電　話　料	83.50
2.　火災保險料	17.50
3.　借　地　料	76.80
第4款　租　税　費	10.25
1.　租　　　税	10.25
第5款　修　繕　費	51.25
1.　修　繕　費	51.25
第6款　基　金　繰　入	300.00
1.　基　金　繰　入	300.00
合　　計	1,833.06
差引残金(次年度へ繰越)	106.26

出所:『昭和七年度　別府養老院年報』p.9

ただし、救護費が養老院の経営を安定化させたとはいえない現実があった。表5-1には年次別にみた各養老院の歳入に占める救護費の割合を示しているが、各施設の格差は大きく、救護費の単価の違いや被救護率の差異がみられた。つまり、「救護法」の制定・施行によって、養老院の財源が確保されたとはいえない現実があり、養老院の中には県・市からの補助金を減らされ、あるいは一般からの寄付金が集まらなくなるという実情から、経営的に困難をもたらすといった現象も見られた。

1932（昭和7）年5月、「別府養老院」は「救護法」の施行によって「救護施設」の認可を受ける。表5-2には、昭和7年度の「歳入出決算」を示してい

表5-3 現在入院者調 （昭和十年六月末日）

性別	入院番號	姓	年齢	在院期間	出身郡別	救護種類
女	八號		七十五歳	九年八ヶ月	別府市	委託
男	二十三號	内	八十一歳	七年二ヶ月	別府市	全
女	二十四號	河	八十三歳	五年七ヶ月	宇佐郡	任意
男	二十七號	谷	七十一歳	五年三ヶ月	西國東郡	委託
男	三十五號	谷	七十三歳	四年四ヶ月	北海部郡	全
女	三十九號	浦	七十歳	三年八ヶ月	大分市	任意
男	四十三號	藤	八十一歳	三年一ヶ月	別府市	委託
女	五十五號	田	七十六歳	三年	別府市	全
男	五十七號	松	八十歳	一年八ヶ月	宇佐郡	任意
女	六十九號	上	七十四歳	十ヶ月	西國東郡	委託
女	七十號	井	七十九歳	九ヶ月	別府市	全
男	七十二號	本	七十三歳	九ヶ月	大分市	全
女	七十四號	野	四十歳	七ヶ月	速見郡	全
男	七十五號	藤	八十四歳	五ヶ月	北海部郡	全
女	七十六號	根	八十二歳	四ヶ月	南海部郡	全
男	七十七號	野	七十歳	四ヶ月	北海部郡	全
男	七十八號	本	七十六歳	三ヶ月	北海部郡	全
女	七十九號	田	七十八歳	三ヶ月	大分郡	任意
女	八十號		七十二歳	三ヶ月	速見郡	委託
女	八十一號		七十二歳	二ヶ月	下毛郡	全
男	八十二號	田	八十三歳	二ヶ月	名古屋市	全
女	八十三號	田	八十三歳	二ヶ月	豊橋市	全
男	八十四號	野	三十歳	二ヶ月	別府市	任意
男	八十五號	瀬	七十一歳	一ヶ月	大野郡	委託
男	八十六號	部	四十八歳	一ヶ月	南海部郡	任意

計二十五人　創立以來實人員　計八十六名
出所：『昭和九年度　別府養老院年報』p.12

るが，この中の「第4款市町村委託金」が「救護法」の「救護費」に該当する。表5-1のごとく，「救護費」は歳入全体の21.3％にすぎず，表5-1にはその年次別の比率を示しているように，救護費によって経営の安定化に繋がったとは断言できない状況があり，「救護法」の適用後も「寄付金」や「養老婦人会会費」等の会費によって存続していた。なお，『昭和九年度別府養老院年報』には，養老院への入院手続について「県下，市町村長ノ収容救護委託書並戸籍謄本ヲ添ヘテ出願スル者ヲ収容ス」[13]と規定しており，「救護施設」としての「委託」あるいは「任意」の手続き区分を入院者の出身郡別に記してあるので挙げておく（表5-3参照）。

◆ 第4節　大正，昭和初期の養老院事業 ◆

大正期における養老院入所者の健康状態は決してよいものではなかったようである。死亡率は一般に2割を超えていたといわれている[14]。病弱者も多く，例えば，「『神戸養老院』では大正7年から14年の累計では病弱者が60％であった。また，『佐賀養老院』の大正14年事業概要によれば，健康者は40％にすぎず，ほかは喘息，盲聾，神経痛，胃腸，脳病などの疾病，障害をもつ病弱老人であった」[15]。こうしたことから，「別府養老院」においても医療事業に力を入れ，1934（昭和9）年7月には養老院内に附属の「消毒所」を新設している。
「消毒所
　一．位置　別府養老院内
　二．事業開始　昭和九年九月十五日
　三．名称及効力
　　　イ．TK式蒸気消毒器（東京勝倉製作所）
　　　ロ．衣類寝具一切消毒ヲ完全ニ致シマス
　四．一回ノ消毒能力時間及方法
　　　イ．消毒缶の容積　丸型
　　　　　直径三尺，長サ四尺（重量二百貫）蒲団ガ一度ニ四五枚位入リマス

ロ．時間　一回ノ消毒ニ要スル時間ハ約二時間
ハ．方法先ヅ百度ノ蒸気ヲ作リ（約一時間）次ニ消毒シ（約三十分間）最後ニ乾燥シマス（約三十分間）

▲只一個ノ【ハンドル】ノ回転ニヨリ消毒乾燥ガ自由ニ其ノ目的ヲ達セラレマス

五．使用料
　　イ．一金二円五十銭　　消毒缶一回使用料及運搬料共
　　ロ．無料　（救護法據ル，カード階級者）

▲市内ハ遠近ヲ問ハズ電話，葉書等ニヨリ申込次第消毒車（甲桃色）ヲ持ッテ参堂シ，立派ニ消毒ガ出来タ品ハ消毒車（乙青色）ヲ持ッテ配達致シマス

▲次ニ消毒室ハ未消毒室，既消毒室ノ完全ナル密閉ヲ行ヒ細心ノ注意ヲ払ツテ其ノ目的ヲ達スル様設備シテアリマス

●家屋病室ノ出張消毒
　一．噴霧消毒十坪迄金一円五十銭トス
　二．フオルマリン瓦斯密閉消毒
　　　建物五坪迄ハ金二円トシ以上一坪ヲ増ス毎ニ金五十銭ヲ加フ」[16]

　上記，「消毒所」は院内の衛生面の近代化を図るためだけでなく，「結核性其他一切ノ伝染病ヲ撲滅シ，一般市民ハ勿論遊覧客ヲシテ旅館ノ夜具等ニ聊カモ不安ノ念ヲ起サシメズ，健全ナル療養都市タラシムル為メニ」[17] と，地域社会への貢献的視点から活用しており，養老院事業を院外にいかに浸透させるかに努力が注がれていた。先に述べたように「別府養老院」は「養老婦人会」という市民の支援組織のもとに運営されており，矢野嶺雄は養老院事業を市民の理解と善意によって支えられるように，例えば，「慈善袋」をつくり寄付活動を展開した。また，「別府養老院」では大正14年度から昭和16年度まで『別府養老院年報』を発行し，収支決算や金銭物品にいたる寄付者名等の事業報告を行っている。『昭和二年度別府養老院年報』には養老院事業への市民理解を意

図して「問答」が記載されていた。

「左官さんとの問答（炊事場修繕を了えて賃金を支払ふに当り）

 左官 賃金の請求書は市役所宛てに書きませうか又養老院宛に書たらよいのですか

 主事 養老院宛にして下さい

 左官 養老院から市役所の方に廻して下さいますか僅かな金でも市役所に廻ると容易にもらへませんね

 主事 市役所に請求書を廻す必要はありません

 左官 養老院は市役所の経営でせう，従つてあなた方は市の吏員ではありませんか

 主事 なるほど君の云ふことは何だか腑に落ちぬと思つたが，この養老院を市役所の経営とでも思つてゐるのですね

 左官 市立養老院ではないのですか

 主事 市役所の経営ではありません，従つて私共は市の吏員でもありません

 左官 そうですか，でも私共の近所では皆んな市役所の養老院と申してゐますよ，そして看護婦の人や主任の人達は，なんぼ位い月給をもらうだろうと昨日も隣りのおかみさんが，うわさをしてゐましたよ

 主事 養老婦人会員約三百人程の方々が，毎月お小使を辛抱して金や米を出し合して此の養老院を経営してゐるのです。大分県からは，もう二年つゞいて百円づゝ補助金をもらつてゐますが，市役所からは未だその補助金も無い様な有様です，尚ほ月給どころではありません，私は創立者ですから無報酬は当然ですが，扶養者宮城さんまでが無月給で万事の世話を願つてゐる様な次第です。ついでだから話しますが，此の家を建てる時から今日まで養老院の事で，幹部の婦人達が働く時は，食事も車代も皆んな自弁で，それはそれは尊い事ですよ

 左官 それは驚きましたね，それでは私の日傭賃も今度だけは寄附しませう，聞きますに二度も敬老会を催ほして大層なもてなしをされたそうです

が，あれも市役所の催ほしではなかつたのですか

主事　そうです養老院の貧乏な経済を，辛抱して敬老思想の普及徹底の意味で，二度までは開きましたが，今年の秋は第三回が開けるか今から案じて居ます」[18]

　こうした記載内容は，市民理解への宣伝媒体として位置づけられようが，例えば，矢野と親交の深かった川添諦信が創設した「佐世保養老院」では，『佐世保養老院と其内容』という30頁の小冊子を1927（昭和2）年に発行している。こうした「別府養老院」の「問答」や「佐世保養老院」の小冊子に関して，小笠原祐次は「それほど遠隔な地域にまで及ばない援助者−つまり地域に対する養老院，養老事業についての理解への働きかけ，普及といった，今日でいう社会化，地域化の営みが原初的ではあれ存在していたことを示している」[19]と指摘している。こうした「社会化，地域化」の視点は，「別府養老院」の創立当初からみられ，「養老婦人会」は1926（大正15）年から市内の老人を招待して「敬老会」を催した。

◆ 第5節　養老事業の近代化から戦時厚生事業への移行 ◆

　こうした「別府養老院」の運営方法は，大正期に創設された養老院のひとつの特徴として把握できるが，その社会的，歴史的背景には養老事業界の近代化，組織化が推察される。1932（昭和7）年1月，「全国養老事業協会」が創立された。会長は枢密院顧問官・中央社会事業協会副会長窪田清太郎，副会長は内務省社会局社会部長富田愛次郎，理事長は浴風会常務理事福原誠三郎であった。創立の背景には「浴風会」の存在があり，中央政府の指導による養老事業の運営が進められ，この時代から養老院の近代化に向けての本格的事業が開始されたのである。

　矢野の養老事業への実践はこうした社会事業の近代化とともに展開していったのであり，例えば『別府養老院年報』の発行は，当時の養老院の事業報告の典型的な手法であった。因みに，「佐世保養老院」は大正14年度から昭和16

第5節 養老事業の近代化から戦時厚生事業への移行

年度まで『佐世保養老院々報』を発行している。つまり，矢野の養老事業は「救護法」の施行という国家的戦略の枠組みの中で公的認知を受け，「全国養老事業協会」等の養老事業の全国的組織化の流れの中で，養老事業としての運営手法を修得していった。勿論，その実践は別府市という地域性の中で草の根的に形成されたのであり，「養老婦人会」等の支援がなければ成立しなかった。同時に，「別府養老院」の近代化は，ひとつには全国各地の養老院関係者との交流の過程から育まれたといえよう。例えば『別府養老院年報』の「日誌抜粋」から，養老院関係者が来院した事項を拾い上げると以下のようになる。

大正15年6月8日「佐賀市に於ける教化事業講習会に婦人会員四名及主事出席因に佐賀養老院福岡養老院視察」，昭和3年5月14日「長崎淳心園長佐々木雄俊氏。佐賀養老院渡邊鉄肝氏。坂本とも子氏。鹿児島養老院長橘大安氏。福岡養老院主事河野雅一氏。福岡無料産院長溝部シゲ子氏。其他多数視察」，昭和4年6月24日「長崎養老院主事山田寿峯氏来院」，昭和7年7月12日「愛媛養老院主事式部魯明師来宿」，昭和7年11月2日「堺養老院理事旭姪麿師来院，昭和14年5月2日「八幡養老院長来院経営上ノ懇談」。

また，『年報』には「寄贈書籍年報」が記載されており，昭和10年度であれば以下のようになる。

「寄贈書籍年報

年報　慶福会　　全　浴風会　　全　全国養老事業協会　　全　東京養老院　全　大阪養老院　　全　前橋養老院　　全　佐賀養老院　　全　福岡養老院　全　鹿児島養老院　　月報　長崎養老院　　月報　長崎慈光院　年報　佐世保養老院年報　年報　長崎淳心園　　全　広島養老院　　全　大分育児院」[20]

こうした養老事業の近代化，組織化は，「救護法」という公的救済の開始とともに公的性格を強めていったが，戦時体制の進行とともに養老事業は衰退を余儀なくされた。社会事業は戦時「厚生事業」に改称され，養老院といえども大政翼賛的役割を担い，労力となる老人は臨戦体制下での徴用を強いられた。

そのため，養老院への収容者は減少し，入所者は病弱な者に限られていくようになり，物資不足，経済統制が拍車をかける中で養老院の死亡者が増加していった。例えば，「大阪養老院」では昭和16年53名，昭和17年69名，昭和18年87名，昭和19年97名の死亡者が確認されている[21]。社会事業下における養老事業の推進的役割を果たした「浴風会」でも死亡者の増加により「収容者（合計）」が減少し，空襲の被害から他の施設への委託収容を余儀なくされたのであった。そのため，「浴風会」を事務所としていた「全国養老事業協会」もその活動を一時休止せざるをえない状況となり，養老事業の全国的な組織活動は敗戦まで停滞した。

〈注〉

1) 戦前の養老事業に関して考察を試みた論文としては，次のようなものが挙げられる。小笠原祐次・星島志保子「老人福祉施設における処遇の史的考察」『社会福祉施設における福祉処遇』社会福祉研究所，1979年，山本啓太郎「日本における老人福祉施設の展開について（1868-1931）」『奈良文化女子短期大学紀要』第11号，1980年，岡本多喜子「昭和初期における養老事業の動向―全国養老事業協会の成立をめぐって」『社会事業研究所年報』17号，日本社会事業大学社会事業研究所，1981年，岡本多喜子「戦中期の養老事業に関する一考察（1931-1945）―養老事業研究大会を中心として―」『社会老年学』第21号，東京大学出版会，1984年，田代国次郎「戦前日本の養老院設立史ノート」『草の根福祉』第12号，社会福祉研究センター，1984年，小笠原祐次「戦前期養老事業文献にみる養老院に関する処遇と処遇観」『社会事業史研究』第14号，1986年，山本啓太郎「大阪養老院の設立について」『社会事業史研究』第14号，1986年，井村圭壯「老人福祉発達史の一断面―佐世保養老院の設立と展開を中心に―」『岡山県立大学短期大学部研究紀要』第2巻，1995年

2) 戦前の養老院の状況については，田代国次郎「戦前日本の養老院設立史ノート」『草の根福祉』第12号，社会福祉研究センター，1984年に詳しい。

3) 社会福祉史研究の視点については，井村圭壯「社会福祉史研究の現代的課題」『河』第35号，河の会，1994年で詳しく論述している。

4) 一番ヶ瀬康子「東京都養育院百年史研究序説」『社会事業史研究』第1号，社会事業史研究会，1973年，p. 39

5) 吉田久一・高島進著『社会事業の歴史』誠信書房，1964年，p. 203

6) 「第一回全国養老事業大会」『社会事業研究』第13巻 第11号，大阪社会事業研

第 5 節　養老事業の近代化から戦時厚生事業への移行

究会，1925 年，p. 73
7）同上書，p. 73
8）別府養老院の『年報』は以下のようになる。
　『大正十四年度　別府養老院年報』大正十五年三月三十一日
　『昭和元年度　別府養老院年報』昭和二年三月三十一日
　『昭和二年度　別府養老院年報』昭和三年三月三十一日
　『昭和三四年度　別府養老院年報』昭和四年三月末日
　『昭和四年度　別府養老院年報』昭和五年三月末日
　『昭和五年度　別府養老院年報』昭和六年三月末日
　『昭和六年度　別府養老院年報』昭和七年三月末日
　『昭和七年度　別府養老院年報』昭和八年三月末日
　『昭和八年度　別府養老院年報』昭和九年三月末日
　『昭和九年度　別府養老院年報』昭和十年五月末日
　『昭和十年度　別府養老院年報』昭和十一年六月末日
　『昭和十一年度　別府養老院年報』昭和十二年六月末日
　『昭和十二年度　別府養老院年報』
　『昭和十三年度　別府養老院年報』
　『昭和十四年度　別府養老院年報』
　『昭和十五年度　別府養老院年報』
　『昭和十六年度　別府養老院年報』
9）『昭和二年度　別府養老院年報』p. 1
10）全国社会福祉協議会老人福祉施設協議会編『老人福祉施設協議会五十年史』全国社会福祉協議会，1984 年，p. 44
11）岡本多喜子「戦中期の養老事業に関する一考察（1931 – 1945）」『社会老年学』第 21 号，東京大学出版会，1984 年，p. 85
12）岡本多喜子「昭和期における養老事業の動向」『社会事業研究所年報』17 号，日本社会事業大学社会事業研究所，1981 年，p. 131
13）『昭和九年度　別府養老院年報』p. 3
14）全国社会福祉協議会，前掲書，p. 52
15）同上書，pp. 51 – 52
16）『昭和十三年度　別府養老院年報』p. 30
17）『昭和九年度　別府養老院年報』昭和十年五月末日，p. 34
18）『昭和二年度　別府養老院年報』昭和三年三月三十一日，pp. 13 – 15
19）全国社会福祉協議会，前掲書，p. 66
20）『昭和十年度　別府養老院年報』昭和十一年六月末日，p. 39
21）全国社会福祉協議会，前掲書，p. 107

第6章

報恩積善会の養老事業の成立と展開

◆ 第1節　施設実態の基盤 ◆

　一番ヶ瀬康子は「施設史研究の意味と課題」の冒頭で次のように述べている。
「社会福祉論において施設史研究の意味は，捉える人によって，さまざまである。ある人は，施設経営をとくに考え，またある人は，施設を建築することから考える。一個の構造体である施設は，その意味では捉える視点によってさまざまな捉え方が可能である。

　しかし，権利として社会福祉の充実を志向する視点から捉えるならば，施設は，単に機構でもなくまた建物でもない。それは，まさに利用者の日常生活の場そのものである。しかも，その日常生活は，自然的な営みの広がりとしての場ではない。それは，家庭以上に社会的であり，また制度的である。社会福祉という一定の制度の運用のなかで規制されたものであり，またその運用の担い手である現場の労働者とのかかわりで展開されている者である。したがって，そこでの具体的な営みは，社会福祉の利用者すなわち対象者と，社会福祉制度の展開を規定する政策主体と，その狭間で努力をする社会福祉現場の実践者とのからみあいのなかで，実在しているということが出来よう。そして，それを利用者である生活者の立場から捉えたとき，いかなる意味と問題を持ったものであり，また何によって，どのような進展がなされたものであるかということが，大きな問題になってくる。つまり施設とは，社会福祉の矛盾が内包された坩堝のような存在であり，凝結された場でもある，歴史的存在である。」[1]

　本章は，「歴史的存在」である施設史を，社会福祉の利用者すなわち対象者

(生活者)と社会福祉制度の展開を規定する政策主体，そして現場の実践者との関係の中で進展する施設の実態を原史料を基盤に考察する。特に本章では，養老事業施設「報恩積善会」に視点をあてる。なお，現在の「報恩積善会」（岡山市津島笹が瀬9番8号）には手書き資料である原史料が多く保存されている。また，大正，昭和初期を通して『時報』『事業報告』『年報』等の「事業報告書」が毎年発行されており，大正，昭和初期に創設された養老事業施設の中でもこうした原史料が現存していることは全国的に珍しくわが国の高齢者福祉発達史（特に施設史）を繙いていく要因になりうるものである[2]。

◆ 第2節　感化救済事業と報恩積善会の成立 ◆

　1908（明治41）年，内務省主催による「第一回感化救済事業講習会」を契機として，慈善事業の全国組織である「中央慈善協会」が設立された。会長には渋沢栄一が就任，顧問に貴族院議長清浦圭吾，幹事に井上友一，中川望らの内務官僚が名を連ねた。感化救済という呼称は，「中央慈善協会」設立前後から盛んに使用されており，「第一回感化救済事業講習会」という名称は，「それがいかに行政用語としても定着していたかを測る目安になる」[3]ともいわれている。また，1908（明治41）年に「感化法」が改正され，全国各地に公立の「感化院」が設立されたが，明治後期の感化救済事業は，内務省官僚が中心となって押し進めた慈恵的救貧行政として機能していったのであった。

　1909（明治42）年から内務省は全国各地の優良施設に奨励金（助成金）を下付しはじめる。養老事業関係では，1909（明治42）年に「函館慈恵院」が，1910（明治43）年には「大阪養老院」，1911（明治44）年には「神戸養老院」が下付の対象となっている。また，1908（明治41）年より「名古屋養老院」には名古屋市から事業補助金が交付されている。1909（明治42）年には「大阪養老院」に大阪市より救護委託金が交付され，「函館慈恵院」には地方費慈恵救助資金の補助が実施されるが，こうした傾向について小笠原は「この時期に養老事業への公的助成，補助が始まったことを示している。」[4]と指摘している。

つまり，明治40年代から少額ではあるが公的資金が施設に給付されるようになったわけであり，養老事業施設においてもその対象施設として公的助成が開始されたのであった。

ただし，これによって養老事業の経営上の安定化に繋がったわけではなく，各養老事業施設では独自の手法で後援組織を形成したり，寄付金を募るなどの財源確保に躍起になっていた。寄付金は定期的継続的寄付は勿論のこと，多方面の篤志家からの寄贈をも期待しており，そのための広報誌も作られている。その先駆は1903（明治36）年に「大阪養老院」から発刊された『養老新報』であると考えられるが，岡山においては『報恩時報』が1914（大正3）年9月に発刊された。この時報を発刊したのが，本章の研究対象施設である「報恩積善会」である[5]。

◆ 第3節　報恩積善会の成立 ◆

「報恩積善会」は1912（大正元）年9月に岡山市下石井305番地に，田渕藤太郎（1876－1914）によって創設された養老事業施設である。田渕藤太郎は1876（明治9）年久米郡鶴田村の竹内家に生れた。長じて赤磐郡竹枝村の田渕家に入籍している[6]。『報恩積善会養老事業報告（大正十一年十二月末発表）』にはその沿革について次のように記されている。

「沿　革

　会長田淵藤太郎は兼て貧困なる孤独老衰者に同情し之が救済慰安の途を講ぜしが，明治四十五年遂に意を決して養父法名「持法積善」の文字を執り報恩積善会を興し看護婦一名を雇ひ毎日市内を巡回して老衰者を見舞はしめ或は薬湯の入浴券を無料配布し以て養老事業に着手せり，後大正二年に至り自宅に於て収容保護を開始し賛助員の後援に依り大正七年に収容所一棟を建築し以て今日に至る」[7]

この沿革によると「自宅に於て収容保護を開始」とあるように，田渕藤太郎の養老事業への熱い思いが感じられるが，この点について藤太郎は第一回の『報

恩時報』で「岡山報恩積善会趣意」として以下のように発表している。
「岡山報恩積善会趣意
　　夫れ忠と孝とは我国肇国の大体にして国民道徳の根源なり，而して忠孝の両道は報恩の思念に據りて実現せらる，本会は四恩報盡の趣旨に基き明治天皇聖徳記念として聖旨を奉し世の孤独老衰者救護の目的を以て創設したり，凡そ古より家族制度を採用し来れる我邦に於ては両親に孝養を盡し一般老者を敬愛するは人間最高の義務たること何人も能く弁知せらるゝ処なり，然るが故に父母を慰籍扶養するに当り何物をも惜まさるへし，是れ実に我国民の美徳にして泰西に於て甞て見さる処なり，然るに天下無告の老衰者に至りては子孫の扶養慰籍の情に浴す能はさるのみならす祖先伝来の家名断絶するの止なき不幸の境遇に沈淪せる彼等は実に人生悲惨の極ならすや，之を救護するは人情自然の発露なり，故に本会は扶養者なき老衰者を収容救護し家名継続の道を講し以て忠孝両全の道を修し，聊か社会組織の欠陥を補ひ国恩の萬一に報いんとす仰き願はくは博愛仁慈なる諸彦吾人の微衷を諒せられ御賛助せられんことを希ふ　　　　　創設者　　田淵藤太郎敬白」[8]
　こうした趣意書は一般市民に養老事業施設の存在を理解してもらうための一つの宣言書であり，それを『報恩時報』というかたちで表現したのであった。第二回の『報恩時報』では会則が記載されているので示しておく。
「報恩積善会々則
　第一章　名称及位置
一．本会は報恩積善会と称し事務所及収容所を岡山市南方九十六番地に置く
二．本会は必要の地に支会を設く
　第二章　主義目的
一．本会は報恩の美徳を普及し養老事業の経営にあり，六十歳以上の孤独老衰者を収容し家族制度に據て救護す
二．本会は毎年九月二十四日の創立日を卜し高齢者の慰安及死亡者の追善会を催す

第三章　会員規定
一．会員は下の会費を納め事業を賛助せらるものとす
　　　名誉会員　本会に功労ある者又は一時金二十円以上納めらるゝものとす
　　　特別会員　随時金十円以上又は年約二円を納めらるゝものとす
　　　正会員　　随時金五円以上又は年約一円を納めらるゝものとす
　　　普通会員　月約一ヶ月金十銭又は五銭宛を納めらるゝものとす
二．会員諸氏之は報恩時報にて状況を報告す
　第四章　職　　員
一．顧問若干名，会長一名，主任事務員一名，主任看護一名，事務員若干名を置く
二．顧問は会長の諮問に答え若くは会の重要事項に関し会長に対し意見を陳ぶ
三．会長は会務一切を総理し事業全体の責任あるものとす
四．主任事務員は会長の主義方針を守り事務員を指揮監督するものとす
五．主任看護人は収容者の看護事務を専掌す
六．事務員は本会の主義に據り主任者より指定したる部所に付き執務するものとす
　第五章　維持方法
一．本会は賛助会員の会費，慈善会の収入，篤志寄附金等を以て経費に充つ
　（以上）
備考．顧問の同意を得て本則は大正七年九月を以て元則中下の如く改正したるものなり
　　　第三章中更に名誉会員を設け会費を変更す
　　　第四章中元と役員の二字を職員と改め更に顧問を推薦す」[9]

　つまり，1912（大正元）年に創設された「報恩積善会」は，1919（大正8）年の段階では既に養老事業施設としての組織が整っており，1918（大正7）年9月には市内南方に仮収容所一棟を新築している[10]。こうした施設の発展の背景

第3節　報恩積善会の成立

には，田渕藤太郎及び妻はつの努力と共に養老事業に対する地元篤志家の支援が存在した。第三回の『報恩時報』には「会員諸氏へは報恩時報にて状況を報告す」とあり，以下の会員が記されている。

「顧問　医師　　　　　　大藤　昇　　　　会長　　　　　　　田淵藤太郎
　顧問　　　　　　　　　富田　金一　　　主任看護　　　　　田淵　発恵
　役員顧問　東大文学士　横山　日省
　岡山市に於ける重なる賛助員（いろは順）
　済世顧問　　　　　　　石井　倶寛　　　本行寺住職　　　　能仁　事一
　医師　　　　　　　　　石本於義太　　　山陽新聞社長　　　野崎　又六
　神理教岡山分院　　　　今東　竹造　　　実科高等女学校長　国富友次郎
　大社教岡山分院　　　　花房理八郎　　　浄覚寺住職　　　　楠　　正雄
　本願寺住職　　　　　　橋本　堅道　　　岡山神社社司　　　久山　信息
　岡山新聞社主幹　　　　西崎　佐吉　　　弁護士　　　　　　松本　豊
　光清寺住職　　　　　　千輪　清海　　　薬師院住職　　　　松原　光
　実業家　　　　　　　　香川亀三郎　　　岡山駅長　　　　　藤田　純一
　弁護士　　　　　　　　岡本　佐市　　　源照寺住職　　　　藤丸　法忍
　国清寺住職　　　　　　華山　海應　　　佛教婦人会員　　　舟橋　重子
　妙應寺住職　　　　　　刈米　是寛　　　岡山県警視　　　　結城　秀哉
　蓮昌寺住職　　　　　　高見　慈悦　　　妙勝寺住職　　　　宮崎　玄養
　医師　　　　　　　　　伊達　久庸　　　　　　　　　　　　南　　為吾
　中国民報社長　　　　　筒井　継男　　　金光教岡山教会所長　島村　政次
　岡山寺住職　　　　　　津高　賢傅　　　実業家　　　　　　菱川　吉衛
　岡山市長　　　　　　　中山　寛　　　　教徳寺住職　　　　廣田　眞之
　黒住教会所長　　　　　長壚政太郎　　　医師　　　　　　　鈴木　昌平
　基督教日本組合協会長　長坂　次郎　　　岡山教会　　　　　杜岳　日允」[11]

上記，「会員諸氏」には，行政関係，医師，報道機関，仏教徒，教育関係者，実業家のみならず，黒住教，金光教，キリスト教等，宗派をこえた篤志家

が結集しており，田渕藤太郎及び妻はつを支援する地元の重臣者が存在した。

◆ 第4節　大正期の養老事業施設の運営方法 ◆

　養老事業施設に対して地方庁の助成，補助が次第に広がり，一般化していくのは大正期に入ってからであるといわれている[12]。各府県からの補助金が交付され始めた年を見ると，「名古屋養老院」が1914（大正3）年，「東京養老院」が1916（大正5）年，「佐賀養老院」が1919（大正8）年，「佐世保養老院」が

表6−1　収入の部・歳出の部

経費 収入の部		歳出の部	
吉備樂演奏純益金	一一二六、〇三〇円	事務費金	七七二、六二二
賛助員醵金	五五八、二〇〇	救護食料金	七二三、七六〇
補助金	五〇、〇〇〇	醫藥及被服費金	一三一、七七〇
雑収入金	二四、五〇〇	臨時費金	七四、九八二
計	一七五八、七三〇	計	一七〇三、一三四

差引剰餘金五十五圓五十九錢六厘前年より繰入金二百十五圓六十四錢七厘計　金二百七十一圓二十四錢三厘是は大正十二年へ繰越す
資産　會舎一棟疊建具付
物品受領，醬油入五升樽一丁，白布三反，餅六百三十個

出所：『報恩積善會養老事業報告（大正十一年十二月末發表）』大正十二年四月一日

1924（大正 13）年となっている13）。「報恩積善会」では手書き資料『救済事業調査表（養老）大正十年十二月末日』に「補助金一一三．四一〇」と記されており，1921（大正 10）年から補助金が交付されたと推察される14)。『報恩積善会養老事業報告（大正十一年十二月末発表）』によると，表 6-1 のような歳入出決算が記されており，「補助金」50,000 円となっている。表 6-1 で目をひくのは「賛助員醵金」「吉備楽演奏純益金」であり，当時の養老事業施設では賛助金や施設独自の手法による収益方法を考案しなければならなかった。それが表 6-1 に示す「吉備楽演奏」のような慈善興行であった。

1922（大正 11）年 7 月 13 日に「下関弁天座」で行われた「吉備舞楽」興行の広報紙には次のような開催主意が記されている。

「吉備舞楽大会開催主意

　報恩積善会，主義目的，報恩の美徳を普及し養老事業の経営にあり明治天皇聖徳記念として本会は大正元年九月に創設したり幸に諸官憲の御保護と江湖仁侠なる諸彦の御賛助とに依り着々事業の発展を見るに至りたるは実に感謝に不堪次第なり而して社会の進歩に伴ひ生存競争益々激甚を加へ不幸悲惨の貧困者は日を追ふて増加し来り従て可憐なる老衰者の救護を求むる悲声は日夜吾人の心膽を寒からしむる於茲本会は設備を増大し窮余頭を他人の門前に低れて食を乞ふか或は路傍に餓死するの外なき不孝者を収容しいさゝか社会組織の欠陥を補ひ国恩の萬一に報ゆる処あらんとす希くは博愛仁慈なる諸堅吾人の微意を諒せられ揮ふて御賛助の栄を賜はらんことを今回当地有志者の御賛助を得まして左記の通り慈善吉備舞楽大会を開らく事になりました，就きましては何卒多数御来会下さいまして『耄を存し耄を問ふは人に孝を教ふる処以なり』畏れ多くも御互に此の御聖旨の幾分にても添ひ奉まつる事の出来ます様に御指導と御援助をお願ひ致度く，茲に御案内申上げる次第であります。　　　主催　　報恩積善会　　　　　大正十一年七月十三日　　」

手書き資料『自大正十一年度至大正十三年度　慈善会巡回録　報恩積善会』には当時の「吉備楽会」を中心とした記録が記載されているが，如何に勢力的

第6章　報恩積善会の養老事業の成立と展開

に興行を行っていたかが読み取れる。例えば，大正11年3月中では，4日，広島県御調郡三成小学校を皮切りに，31日，御調郡因島三ノ庄小学校までの間に計12日の「吉備楽会」が開かれている。

表6-2には各養老院別に見た収支内容を示しているが，小笠原祐次は「神戸養老院」「大阪養老院」「報恩積善会」を例として以下のような財源上の比較を行っている。

「この三施設を例示したのは大正期の養老院がどこに財源を求めたかを示す特徴が表わされているからであるが，神戸養老院は主として定期寄付・賛助金による寄付金型，大阪養老院が年によって違うが公的助成と臨時寄附金型（さらにいえば財産収入放出型），報恩積善会が事業収入と定期寄付・賛助金型とでもいえよう。今日のように10割近い公費補助が一般化していなかったために，財源の確保には独自の努力と工夫が必要だったのである。」[15]

表6-2　各養老院別にみた収支内容　　　　(%)

		収入					支出					1人当り費用	
		定期寄付費 賛助	臨時寄付	公助成補的助	公的救助金・救護金	事業収入	給養費（直接事業費）				事務費	1カ月給養費	総支出（1カ月含繰越）
							計	うち食費	うち被服費	うち医療費		円　銭	円　銭
大正3年	神戸養老院	80.8	4.3	−	−	−	57.3	34.2	2.5	1.9	19.2	7　94	13　80
	大阪養老院	1.1	25.9	33.4	−	※積立金とりくずし 36.4	61.2	37.8	3.6	8.6	15.9	4　55	7　44
	報恩積善会	63.8	4.0	−	−	1.3	61.4	−	−	−	34.7	3　07	5　00
大正9年	神戸養老院	39.9	34.4	6.7	0.6	−	66.8	31.1	0.3	1.0	20.3	16　65	24　93
	大阪養老院	21.7	58.9	16.2	−	−	75.7	−	−	−	20.3	10　40	13　73
	報恩積善会	41.3	1.7	−	−	56.1	49.6	−	−	−	43.9	6　82	13　76
大正12年	神戸養老院	36.8	21.8	21.2	3.0	−	57.3	27.3	0.6	2.9	17.9	14　06	24　53
	大阪養老院	20.7	21.6	31.7	−	※赤字分として借入 約30.0	75.8	−	−	−	21.4	7　03	9　27
	報恩積善会	71.1	2.3	3.0	−	23.6	45.6	−	−	−	43.6	9　31	20　40

出所：全国社会福祉協議会老人福祉施設協議会編『老人福祉施設協議会五十年史』全国社会福祉協議会，1984年，p.62

つまり、「報恩積善会」では地方巡回の慈善会興行を恒常的に実施することによって施設経営の維持に努めていたのであった。こうした「報恩積善会」の経営手法は創立当初から見られたようであり、『報恩時報第二回』（大正8年5月31日）からは歳入出決算が記載されている。また、手書き資料『自大正二年度至大正十年度　演奏会後援者名簿』として大正2年1月26日からの興行記録が残されている。なお、「佐世保養老院」を創設した川添諦信は、高僧名士の書画の寄贈を受け、全国各地でその即売会を開催することによって経営の維持に努めていた。また、矢野嶺雄が創設した「別府養老院」では開設当初から別府市内で支援母体である「養老婦人会」主催による「慈善演芸会」を催していた。

◆ 第5節　養老事業の近代化と養老事業施設 ◆

大正期に入ると、1918（大正7）年内務大臣の諮問機関として「救済事業調査会」が創設され、1921（大正10）年には「社会事業調査会」へと改称された。また、1917（大正6）年に内務省に「救護課」が置かれ、1920（大正9）年「社会局」が新設された。各府県に於いても対応する部局が新設され始め、次第に感化救済事業から「社会事業」行政へと整備が図られていったのである。

社会事業行政への移行の背景には、米騒動、関東大震災、労働争議、資本主義恐慌等の前近代的要素を残した社会問題が露呈したことに因るが、こうした外的要因が社会事業の組織化へと移行させる引き金となったことは事実である。1921（大正10）年、「中央慈善協会」が「社会事業協会」と改称され「社会事業」と言う呼称も一般化していく。また、社会事業の地域化の側面に於いては、1917（大正6）年に岡山県知事笠井信一による「岡山県済世顧問」制度が挙げられる。この制度はその後、方面委員制度として全国へ普及していった。1922（大正11）年には「大阪社会事業協会」が創設されており、社会事業の組織化、地域化の流れの中で養老事業も近代化が図られていった。

1925（大正14）年5月、「第七回全国社会事業大会」に於いて、「第一回養老

第6章　報恩積善会の養老事業の成立と展開

表6-3　養老事業各年別設立数

年次	設立数
慶應二年	一
明治五年	一
同六年	一
同十二年	一
同十三年	一
同十五年	―
同十六年	一
同十七年	―
同十八年	―
同十九年	一
同二十三年	―
明治三十一年	―
同三十三年	二
同三十四年	二
同三十五年	三
同三十六年	―
同三十七年	一
同三十八年	―
同三十九年	二
同四十年	一
同四十一年	―
同四十二年	一
同四十三年	―
明治四十四年	一
同四十五年	二
大正元年	―
同二年	一
同三年	―
同四年	一
同五年	―
同六年	一
同七年	―
同八年	―
同九年	三
同十年	三
同十一年	三
大正十二年	六
同十三年	五
同十四年	三
昭和元年	五
同二年	四
同三年	二
同四年	三
同五年	九
同六年	四
同七年	一
同八年	―
合計	八五

出所：『全國養老事業調査（第一回）』
全國養老事業協會
昭和十一年二月二十日，p. 8

事業懇談会」が開かれ，そこでの決議から1925（大正14）年10月，「第一回全国養老事業大会」が開催された。大会は主に「大阪養老院」を会場にして10月24日から26日までの間続けられた。参加者（養老事業関係者）は23施設・団体から42名であったが，「報恩積善会」の創設者である田渕藤太郎も出席した。大会2日目には「全国養老事業団体の連絡を計り更に事業の研究調査を継続的に進行する方法如何」[16] という提案が出され，「事務所を設け連絡をとる

こと而して其事業所は大阪養老院に置くことに可決」[17]との決議がなされた。こうした養老事業関係者の組織化の中で表6-3に示すように大正期から養老事業施設の設立数も徐々にではあるが増加していることがわかる。

ただし，養老事業施設は増加したが，そこに入所してくる高齢者には健康状態の良くない者が多く，例えば，「神戸養老院では病弱者が多く，大正七年から十四年の累計では病弱者が60％であった」[18]と指摘されている。「報恩積善会」の手書き資料『救済事業調査表』を見ると，大正14年12月末日調べで在所者9名中男性2名女性2名が「病弱者」と記されている。また，その年の入会者17名中5名が死亡している[19]。こうした傾向は「報恩積善会」に限ったことではなく，大正期に養老事業施設に入所してくる高齢者には病というものは付き物であり，死亡率も20％～30％であった。例えば「大阪養老院」の場合，大正元年から15年の間において，総収容数1,977名中449名（死亡率22.7％）が死亡している[20]。

このように高齢者の疾病の問題は当時の養老事業施設には大きな処遇上の問題としてのしかかっており，第5章で述べたように「別府養老院」では医療事業に力を入れ，1934（昭和9）年に施設内に「消毒所」を設けていた。

〈注〉
1) 一番ヶ瀬康子「施設史研究の意味と課題」『社会福祉の歴史研究』労働旬報社，1994年，p. 181
2) なお，戦前の養老院の状況については，田代国次郎「戦前日本の養老院設立史ノート」『草の根福祉』第12号，社会福祉研究センター，1984年に詳しい。
3) 田代国次郎「日本社会福祉の史的展開—その1—」『広島女子大学文学部紀要』第24号，1989年，p. 49
4) 全国社会福祉協議会老人福祉施設協議会編『老人福祉施設協議会五十年史』全国社会福祉協議会，1984年，p. 29
5) 報恩積善会の各年報は以下のものがある。
『報恩時報第一回』大正三年九月二十四日
『報恩時報第二回』大正八年五月三十一日
『報恩時報第三回』大正九年七月二十五日

『報恩時報第六号』大正十年十二月一日
『報恩時報第七回』大正十一年八月一日
『報恩積善会養老事業報告（大正十一年十二月末発表）』大正十二年四月一日
『報恩積善会養老事業報告（大正十二年十二月末発表）』大正十三年四月一日
『報恩積善会養老事業報告（大正十三年十二月末発表）』大正十四年一月二十五日
『報恩積善会養老事業報告（大正十四年十二月末発表）』大正十五年一月十五日
『報恩積善会養老年報昭和六年度』
『報恩積善会養老年報昭和七年度』昭和八年一月
『財団法人報恩積善会養老年報昭和八年度』昭和九年一月
『財団法人報恩積善会養老年報昭和九年度』昭和十年一月
『財団法人報恩積善会養老年報昭和十年度』昭和十一年一月
『財団法人報恩積善会養老年報昭和十一年度』昭和十二年一月
『財団法人報恩積善会養老年報　自　昭和十二年四月一日　至　昭和十三年三月三十一日』昭和十三年四月
『財団法人報恩積善会養老年報　自　昭和十三年四月一日　至　昭和十四年三月三十一日』昭和十四年四月
『財団法人報恩積善会養老年報　自　昭和十四年四月一日　至　昭和十五年三月三十一日』昭和十五年四月
『財団法人報恩積善会養老年報　自　昭和十五年四月一日　至　昭和十六年三月三十一日』昭和十六年四月
『財団法人報恩積善会養老年報　自　昭和十六年四月一日　至　昭和十七年三月三十一日』昭和十七年四月
『財団法人報恩積善会養老年報　自　昭和十七年四月一日　至　昭和十八年三月三十一日』昭和十八年四月
『財団法人報恩積善会養老年報　自　昭和十八年四月一日　至　昭和十九年三月三十一日』昭和十九年四月

6) 赤松力『近代日本における社会事業の展開過程』御茶の水書房，1990年，p. 34参照。
7) 『報恩積善会養老事業報告（大正十一年十二月末発表）』大正十二年四月一日
8) 『報恩時報第一回』大正三年九月二十四日，p. 1
9) 『報恩時報第二回』大正八年五月三十一日，p. 2
10) 「報恩積善会」には『救済事業調査表』（手書き資料）が残されているが，これは市，県への事業報告であったと考えられるが，沿革を知る上で大正期のものから位置と職員を記せば以下のようになる。
　『救済事業調査表（養老）大正三年末日』
　　位置　岡山市広瀬町二百十九番
　　職員　有給　会長

第5節　養老事業の近代化と養老事業施設

```
            有給　事務員　　三名
            有給　看護婦
『救済事業調査表（養老）大正四年末日』
    位置　岡山市四番町三番地
    職員　有給　会長
            有給　事務員　　四名
            有給　看護人
            無給　医師
『救済事業調査表（養老）大正五年十二月末日』
    位置　岡山市四番町三番地
    職員　有給　会長
            有給　事務員
            有給　看護人　　四名
            無給　医師
『救済事業調査表（養老）大正六年十二月末日』
    位置　岡山市四番町三番地
    職員　無給顧問　　大藤　　昇
            仝　　仝　　　富田　金一
            仝　　仝　　　横山　耐琳
            有給会長　　　田渕藤太郎
            有給看護　　　田渕　初江
『救済事業調査表（養老）大正七年十二月末日』
    位置　岡山市大字南方九十六番地
    職員　無給顧問　　富田　金一
            仝　　仝　　　大藤　　昇
            仝　　仝　　　横山　耐琳
            有給会長　　　田渕藤太郎
            有給看護人　　田渕　初江
『救済事業調査表（養老）大正八年十二月末日』
    位置　岡山市大字南方九十六番地
    職員　無給顧問　　富田　金一
            仝　　仝　　　大藤　　昇
            仝　　仝　　　横山　日省
            有給会長　　　田渕藤太郎
            有給看護人　　田渕　初江
『救済事業調査表（養老）大正九年十二月末日』
    位置　岡山市大字南方九十六番地
```

第6章　報恩積善会の養老事業の成立と展開

　　職員　無給顧問　　富田　金一
　　　　　仝　　仝　　大藤　　昇
　　　　　仝　　仝　　横山　日省
　　　　　有給会長　　田渕藤太郎
　　　　　有給看護人　田渕　発恵
『救済事業調査表（養老）大正十年十二月末日』
　　位置　岡山市大字南方九十六番地
　　職員　有給会長　　田渕藤太郎
　　　　　仝看護婦　　田渕　発恵
　　　　　顧　　問　　富田　金一
　　　　　　仝　　　　大藤　　昇
　　　　　　仝　　　　横山　日省
『救済事業調査表（養老）大正十一年十二月末日』
　　位置　岡山市南方九十六番地
　　職員　有給会長　　田渕藤太郎
　　　　　有給看護婦　田渕　発恵
　　　　　顧　　問　　富田　金一
　　　　　顧　　問　　横山　日省
　　　　　賛 助 医　　大藤　　昇
『救済事業調査表（養老）大正十二年十二月末日』
　　位置　岡山市南方九十六番地
　　職員　有給会長　　田渕藤太郎
　　　　　有給看護婦　田渕　発恵
　　　　　顧　　問　　富田　金一
　　　　　顧　　問　　横山　日省
　　　　　賛 助 医　　大藤　　昇
『救済事業調査表（養老）大正十三年十二月末日』
　　位置　岡山市南方九十六番地
　　職員　有給会長　　田渕藤太郎
　　　　　有給看護婦　田渕　発恵
　　　　　顧　　問　　富田　金一
　　　　　顧　　問　　横山　日省
　　　　　顧　　問　　杉山　　榮
『救済事業調査表（養老）大正十四年十二月末日』
　　位置　岡山市南方九十六番地
　　職員　有給会長　　田渕藤太郎
　　　　　有給看護婦　田渕　発恵

顧	問	富田　金一
顧	問	横山　日省
顧	問	杉山　榮

11)『報恩時報第三回』大正九年七月二十五日，p. 2
12) 全国社会福祉協議会，前掲書，p. 61
13) 同上書，p. 61
14) ただし，赤松力『近代日本における社会事業の展開過程』御茶の水書房，1990年，及び全国社会福祉協議会老人福祉施設協議会編『老人福祉施設協議会五十年史』全国社会福祉協議会，1984年では，大正11年より補助金を受けていると記されている。
15) 全国社会福祉協議会，前掲書，p. 62
16)「第一回全国養老事業大会」『社会事業研究』，第13巻第11号，大阪社会事業研究会，1925年，p. 73
17) 同上書，p. 73
18) 全国社会福祉協議会，前掲書，p. 51
19)『救済事業調査表（養老）大正十四年十二月末日』
20) 全国社会福祉協議会，前掲書，p. 51

第 **7** 章

名古屋養老院の運営（財源）に関する研究

◆ 第1節　名古屋養老院の歴史的事象 ◆

　1901（明治34）年6月に設立された「名古屋養老院」であるが，戦後，廃止された[1]。つまり，施設そのものが存在しない。その要因もあり，現在では地域住民からも，また，社会福祉学の特に歴史研究者からも意識されない歴史的社会的風化施設となっている。なお，「名古屋養老院」は，戦前期，愛知県内においては代表的な養老院として機能していた。本章をまとめるにあたり，「名古屋養老院」に関する先行研究を検索，解析したが，それらしきものはなかった。よって，本章自体が先行研究を意味しており，批評，批判等を受けることになる。筆者があえて本章において「名古屋養老院」を取り上げたか，その意図は以下の如くである。

　明治30年代，「神戸養老院」（明治32年），「広済舎」（明治32年），「函館慈恵院」（明治33年），「大阪養老院」（明治35年），「東京養老院」（明治36年），「前橋養老院」（明治36年），「奈良養老院」（明治39年）等が創設され，少数であるが，この時代（明治30年代）から民間の養老事業実践が先駆的に展開していく歴史的事象傾向があった。「名古屋養老院」（明治34年）もこれらの養老院の一群に入ると考えられる。また，1932（昭和7）年1月，「全国養老事業協会」が創設され，「全国養老事業調査」や雑誌『養老事業』の発刊等，養老事業の近代化に繋がっていく全国組織が結成されたが，同協会の発起人に「名古屋養老院」の職員も関わっていた。同時に，「全国養老事業協会」の「役員」（評議員）に「名古屋養老院」の浅野儀助（第三代院長）が任命された点[2] 等をふま

えると，戦前期の養老事業における実践史のひとつの「点」（施設史）として，また，戦前期の全国組織である「全国養老事業協会」の一員として，「名古屋養老院」は中部地区では欠くことのできない養老院であったことは否定できない歴史的事象である。幸い第一次史料に該当する施設の「要覧」「設立趣意書」「定款」「細則」等が現存しており，周辺史資料から施設の概要を明らかにすることは可能であることがわかった。特に「要覧」等から，「名古屋養老院」の運営（財源）が分析可能となり，戦前期養老院史研究の空白部分を埋める意図も含め，上記の歴史的事象としての観点から考察することにした。

◆ 第2節　創設期 ◆

1. 養老院の設立

「名古屋養老院」は，空也念仏宗の僧侶である大野隆阿弥が主唱者となり，当人も含め29名の発起人によって1901（明治34）年6月に設立された。当初は，大野隆阿弥の住所である名古屋市中区裏門前町を仮事務所とした。その後，隣家一棟を借り収容所として，施設名を「空也養老院」と命名し，14名の入所者から事業は開始された。上記，養老院の起源は，『昭和六年八月刷成　財団法人名古屋養老院要覧』に記載されているので紹介する。

「起原及沿革

第一　本院ハ明治三十年中空也念佛宗僧侶大野隆阿弥ガ主唱者トナリ同志者ト相謀リ名古屋在住ノ無告ノ窮民ニ対シ金品ノ施与ヲ初メタルヲ以テ起原ト為ス

第二　単ニ窮民救助ト云フ時ハ其範囲広汎ニシテ余リ漠トシ居ルヲ以テ明治三十四年ニ至リ救済ノ目的ヲ限定シテ専ラ養老事業ニ従事センコトヲ企画シ同年六月前記大野隆阿弥初メ二十九人ノ有志発起トナリ各自応分ノ出資ヲ為シ其当時大野隆阿弥ノ住所ナリシ名古屋市中区裏門前町ニ仮事務所ヲ設置シタリ

第三　発起人二十九名ハ何レモ名古屋市在住ノ篤志家ニシテ其氏名左ノ如シ

第7章 名古屋養老院の運営（財源）に関する研究

大野隆阿弥　水谷房次郎　加藤廣太郎　高田久兵衛　浅野儀助
田原善兵衛　齊藤時之　森永佐兵衛　植松源兵衛　安藤因蔵
小口林之助　西村与三郎　野澤金一　渋谷利三郎　松久次郎
橋本米之助　大矢玉吉　船橋富一　近藤太兵衛　尾関常三郎
鬼頭芳吉　伊藤東兵衛　今堀立彦　石塚元三郎　石塚岩三郎
大竹久兵衛　吉田善平　浅野公平　鈴木重義

第四　仮事務所ニ充テタル主唱者大野隆阿弥ノ住所ハ狭隘ナルヲ以テ其隣家一棟ヲ借受ケ老衰窮民ノ仮収容所ト為シ空也養老院ト命名シ明治三十四年十一月初メテ無告ノ窮民十四人ヲ収容シタリ

第五　本院ノ名称ヲ空也養老院ト命名シタルハ主唱者大野隆阿弥ガ空也念仏宗ノ僧侶ナルガ故ニ斯ク名ヅケタルモノナリ」[3]

上記，発起人29名は名古屋市在住の篤志家であり，『第十五版　日本紳士録』から職業を調べてみると以下のようになる。

水谷房治郎（ママ）：染物業・東区[4]，浅野儀助：酒醤油商・東区，田原善兵衛：肥料商・中区，森永佐兵衛：珈琲糖商・東区，野沢金一：弁護士・東区，大矢玉吉：名古屋劇場株式会社監査役・瓦商・中区，近藤太兵衛：尾張時計株式会社監査役・小間物商・中区，尾関常三郎：呉服太物商・中区，伊藤東兵衛：小間物商・中区，石塚元三郎：硝子商・東区，石塚岩三郎：硝子製造業・東区，浅野公平：文房具商・西区[5]。

また，『第二十九版　日本紳士録』から調べてみると次のようになった。植松源兵衛：中[6]，松久鍼次郎：会社員・西[7]，大竹久兵衛：太物商・西[8]。すべての発起人を抽出することはできなかったが，上記のことから，名古屋市中区，東区を中心とした篤志家が多く，職業は行政職ではなく，自営業者であり，『日本紳士録』に掲載される人物であることを考えると資産家であることが理解できよう。

こうした地域の資産家達の支援体制の構築によって「空也養老院」は設立されたが，借家の仮設棟であったこともあり，1904（明治37）年7月に工事に着

手し,「新築地ハ名古屋市ノ接続タル愛知郡千種町字狐塚百八番地ニシテ全年十一月工事竣成シタルヲ以テ収容者全部此処ニ移居」[9] したのであった。1906 (明治39) 年9月10日には「空也養老院」の名称を「名古屋養老院」と改称している。その理由は「本院ノ名称ヲ空也養老院ト言フ時ハ如何ニモ空也念仏宗ノ専属ナルガ如ク相見ヘ其範囲狭小ノ感アルヲ以テ」[10] であった。1906 (明治36) 年11月5日には元名古屋市長青山朗を名誉院長に推薦し,大野隆阿弥（以下,大野）を副院長とし,実質的には養老院設立の主唱者である大野が養老院の統括者となり,事業は進展していった。入所している高齢者も創立年の明治34年「年末現在」で14名,明治35年17名,明治36年16名,明治37年10名,明治38年12名,明治39年16名,明治40年21名[11] と一定した入所者を確保しており,「名古屋養老院」の養老事業は地域に定着化していったといえよう。

なお,「養老院の名称による施設収容の嚆矢」[12] は「聖ヒルダ養老院」であるといわれているが,「名古屋養老院」（当初：空也養老院）が創設された明治30年代は先駆的ではあったが,全国的に養老院の事業運営は僅かであり,一例を挙げれば,明治32年の「神戸養老院」（当初は友愛養老院),明治35年の「大阪養老院」,明治36年の「東京養老院」,同年の「前橋養老院」（当初は上毛慈恵会養老院),明治38年の「広島養老院」[13], その他であった。名称が「養老院」ではなく,固有の名称を付ける施設もあったが,養老事業は社会事業期に施設が増加したといっても過言ではない。明治期の後半,「孤児院」等が「養老部」を設ける施設もあったが,混合型も残り,「養老院」が各道府県に設置される時代ではなかった。その意味も踏まえて,「名古屋養老院」は愛知県の「養老院」の嚆矢と位置づけてよい[14]。

2. 明治期・大正初期の財源

「名古屋養老院」は「事業ノ発展ト同時ニ経費モ亦相高ムヲ以テ明治四十年二月十二日寄付金募集ノ出願ヲ為シタル処全年五月十日ヲ以テ本県知事ノ許可指令アリタリ」[15] となり,1909 (明治42) 年から寄付金募集の活動を開始した。

施設における精神的側面においては「空也念仏宗」僧侶大野の実務，体制の側面からは元名古屋市長青山朗が名誉院長，29名の資産家の発起人で創設，構築化されていく「名古屋養老院」であったが，財源面を考察すると，1906（明治39）年12月に収容棟を一棟増築し，また，収容者の生活を維持するためには，多数の住民からの寄付金募集活動は運営上の必須条件であった。例えば，同じ明治期に設立された「神戸養老院」（明治32年創設）では，1905（明治38）年に発行した小冊子『神戸養老院』の中に「明治三七年自一月至十二月神戸養老院経費収支決算表」が掲載されている。この決算表の「収入の部」「金二百七十二円十八銭九厘」とある「内訳」は「月約賛助金」「一八二円二一五」「臨時寄附金」「八九円九七四」だけであり[16]，「神戸養老院」の開設当初は「賛助金」「寄附金」によって財源が形成されていた[17]。

養老事業に限らず，民間社会事業の運営に寄付金は重要な財源となるが，その募集活動には地方庁の許認可が必要であった。「名古屋養老院」の寄付金募集活動においても「仝年五月十日ヲ以テ本県知事ノ許可指令アリタリ」[18]とあったが，こうした地方庁の許認可は施設への管理，統制，あるいは指導といった地方行政上の治安強化であった。

明治期，国は，慈善，感化，社会事業という領域を，国策上限定的に捉えており，国としての役割を意図的に希薄化させた。1885（明治18）年6月25日，「内務省処務条例」が制定されたが，この条例によって内務省の「庶務局」が行っていた救貧対策は「県治局」が引き継いだ。また，1898（明治31）年11月には県治局の後身として「地方局」が設立された。これによって救貧対策，慈善対策等の行政の実務は地方局の仕事として行われるようになった[19]。こうした地方行政による管理統制，及び地方行政の実務強化が民間施設を規制していくことになった。結果的には，地方庁の「補助」（管理強化を包含）も明治40年代から全国的に広がりをみせていった。「名古屋養老院」では表7-1の如く，1908（明治41）年に名古屋市から100円の交付を受けている。第一次史料である『名古屋養老院要覧』では次のように記されていた。「本院ノ事業ハ

表7-1 公的補助等

	宮内省	内務省	愛知県	名古屋市	サルタレル財団	慶福会	天台宗本山	坂文種報徳会
明治41年				100円				
42				100				
43				200				
44				200				
45				200				
大正2				200				
3			100	200				
4			100	200				
5		150	100	200				
6		80	100	200	80			
7		70	100	200				
8		50	100	200				
9		50	100	200				
10	100	50	150	250				
11	300	200	200	250				
12	400	300	200	250				
13	400	200	200	250				
14	200	200	200	250		5,000	20	
15	300	200	200	250			20	400
昭和2	300	200	300	250			25	
3	300	200	500	250			30	
4	300	200	500	250			30	200
5	400	100	550	250			30	200
6	400	100	550	210			50	200
7	400	100	825	150			30	150
8	300	500	450	150			10	75
9	300	500	510	150				

出所：『昭和六年八月刷成　財団法人　名古屋養老院要覧』
『昭和十一年八月刷成　財団法人　名古屋養老院要覧』より作成

漸次一般社会ノ信用ヲ得ルニ至リシ結果事業費補助トシテ明治四十一年三月十日名古屋市ヨリ金百円交付セラル之レ公金交付ノ嚆矢ナリ」[20]。

　この名古屋市の補助金は，表7-1にも示しているが，1909（明治42）年100円，1910（明治43）年200円，1911（明治44）年200円，1912（明治45）年200円，1913（大正2）年200円，と継続して年度ごとに交付され，同時に1914（大正3）年からは愛知県から100円の補助金があり[21]，以下の如く第一次史料に記載されていた。

「大正三年度本院事業費補助トシテ六月四日愛知県ヨリ金百円交付セラル之レ県費補助ノ嚆矢ナリ」[22]。

内務省は1909（明治42）年から民間の優良施設に奨励金を交付した。「名古屋養老院」へは，1916（大正5）年2月に内務省から150円の奨励金があったが，表7-1の如く，その後継続して奨励金を受けている[23]。なお，「名古屋養老院」の公費助成の特徴は，創設初期の段階から名古屋市の補助を受けている点であり，「名古屋市社会部」も「私設社会事業の助成」（昭和4年）として以下の文章を『名古屋市社会事業概要』に載せている。

「公営社会事業の内容を充実し，拡張をすることは現下の社会情勢に鑑みて極めて緊要のことであるが，一面既設の社会事業団体中比較的事業成績の優秀なもの，（中略）補助金を交付し助成の実を挙げること（中略）本市の防貧救貧上の見地からしても緊要事に属するものである。この見解よりして本市は数年来市内社会事業団体の一部に対し補助金を交付」[24]。

上記の市内社会事業団体とは以下のとおりであった。
「一，愛知育児院　二，名古屋養老院　三，愛知自啓会　四，下奥幼児保育園　五，二葉保育園　六，相愛会愛知県本部　七，愛知無料宿泊所　八，名古屋基督教青年会職業紹介所　九，名古屋市方面委員助成連合会補助」[25]

これらの施設は名古屋市の「防貧救貧上の見地からしても緊要」[26]であり，名古屋市内の代表的な民間施設・団体等であり，養老院は「名古屋養老院」のみであった。大正，昭和初期の愛知県の社会事業を示した『大正十五年・昭和元年　愛知県社会事業年報』にも「本県唯一の養老施設としては名古屋養老院あるのみ。」[27]と記されていた。1922（大正11）年の県の社会事業を示した『愛知県社会事業要覧（大正十一年度）』においても「第五項　養老事業」は「名古屋養老院」のみの記載であった[28]。

上記の点をふまえると，1901（明治34）年に創設された「名古屋養老院」は，明治，大正期を通して，名古屋市，愛知県における代表的民間養老事業施設として位置づけられる。表7-1の如く，「名古屋養老院」は，1908（明治41）年

から名古屋市，1914（大正3）年から愛知県，1916（大正5）年から内務省から継続的に補助金，奨励金の交付を受けていた。この点においても愛知県における明治，大正期の代表的民間養老事業施設と位置づけてよいと考えられる。

3. 明治期・大正期の経緯

1909（明治42）年10月，施設の所在地が愛知郡千種町から，市制の改正により，名古屋市に吸収され，名古屋市東陽町八丁目31番地となった。また，1911（明治44）年11月1日には所在地が中区養老町二丁目四十六番地へと改定された。名古屋市は1908（明治41）年4月1日に区制を実施し，東，西，南，中の4区制を置いた[29]。養老町の中区の区役所は中区裏門前町一丁目16番地万松寺内に置かれた[30]。「名古屋養老院」の所在地が養老町に改名されたことについて，『名古屋養老院要覧』では次のように記されている。

「市区ノ改正ニ際シ当養老院ノ名称ヲ取リ此付近一帯ノ地名ヲ養老町ト改正セラレタルハ大ニ本院ノ誇トスル所ニシテ如何ニ本院ガ熱誠ニ社会事業ニ貢献シ居ルカヲ推知シ得ラルベシ」[31]

1912（明治45）年7月25日，「名古屋養老院」の院長である青山朗が他界した。そのため院長の事務は副院長の大野が摂行し，院長の席は欠員とすることとなった。1921（大正10）年4月，副院長である大野は愛知県東春日井郡守山町にある天台宗「桂昌寺」の住職を拝命した。そこで大野の所有する邸宅，敷地，建造物一切を同寺に寄付し，「養老寺」と改称する認可を1922（大正11）年に得た。最初，「名古屋養老院」は「空也念仏宗」の主義によって誕生したが，「天台宗」の寺院を転立したことにより，天台宗の本山との関係を有する施設となった。その結果として，1925（大正14）年に「天台宗大本山」から20円の補助金を受け，表7-1の如く，1933（昭和8）年まで補助金が交付されていた。なお，史資料の不足により，戦前期すべての年度を掌握することはできないが，天台宗助成金を1925（大正14）年から1933（昭和8）年まで継続的に受けていたことは確かである。『名古屋養老院要覧』には最初の助成につ

いて次のように記している。

「大正十四年五月二十五日天台宗本山ヨリ事業費補助トシテ金二十円交付セラル之レ仏教本山ノ補助金ヲ受クル嚆矢ナリ」[32]

1901（明治34）年6月に設立された「名古屋養老院」は明治期，大正期を通して公的補助が定着化し，表7-1にも示しているが，1925（大正14）年4月18日には「恩賜財団慶福会」より「助成金」5,000円の交付を受けている。「名古屋養老院」はこの「慶福会」からの下附を基に院舎の改築を決定し，1925（大正14）年6月，「本館一棟，男室一棟，病室一棟，物置一棟」[33]の新築に着手，1925（大正14）年12月には工事が完了した。この「慶福会」からの助成について『名古屋養老院要覧』では次のように記載されている。「大正十四年四月十八日恩賜財団慶福会ヨリ助成金五千円交附セラル本院ガ斯ノ如キ多額ノ交附金ヲ受ケタルハ本院ガ常ニ誠心誠意養老事業ニ努力ヲ為シタル結果ナリトハ言ヘ今後一層ノ奮励ヲ為シ此恩恵ニ酬ヒサルベカラズ」[34]。こうした養老院事業実践が公的に実を結ぶことになっていくが，その実践の内実について限定すると，史資料がなく，明確な分析はできない。なお，1920（大正9）年11月には「愛知県社会協会主催社会事業従事員功労者表彰式」において「世話人」の「瀧川きみ」が褒状及び置時計一個の授与を受けている。また，副院長の大野は，1924（大正13）年1月26日，御紋章附銀盃一個及び金二百円の下賜を受けている。また，大野は1927（昭和2）年4月29日，「慶福会」総裁の宮殿下において，31年間の私設社会事業の実践に寄与，功績により「終身奨励金」五百円の下附の恩命を拝受している。

ここで1901（明治34）年11月に発表された「養老院設立趣意書」を少々長くなるが示しておく。

「　養老院設立趣意書

有為転変はよのつねにして人の生涯の栄枯盛衰吉凶禍福は流るゝ水のごとくきのふの淵は今日の瀬と移り変りてげに定めなきは浮世なりけり世には大廈宏樓に住み玉をかしき柱をたきゝにし栄華に年月を送れる人も老いぬるとい

ふこといたつきといふこと死するといふ事の三ツは人のちからもて免れがたし啻にそれのみならず人には不測の災厄あり是れまでなに一ツ不自由なかりしも一朝破産しては身のおきどころなき悲境にさまよふものあり或は年おいてかしつくものなくたよるものなくきるに衣服なく食ふに米塩なきもの等のごときは誠にあはれのきはみといふべし古へより鰥寡孤独は天下の窮民と称へらる今や聖世の御世に方りわか名古屋地方棄児孤児を待つところは既に備りあれといまたいと憐なる無告の鰥寡者を待つべき所は備はらず毎に遺憾とする所なりき依りてよの慈善家諸君の力をかりもてこれら不幸の同胞を救助する為に養老院を設立せんと欲す大方の仁人達奮て御賛翼あらむことを只管希ふになん

明治三十四年十一月　　　　　　　　　　　　　　　　発起人　　」[35]

上記にある「慈善家諸君の力をかりもてこれら不幸の同胞を救助する為に養老院を設立せんと欲す」とは，まさに僧侶としての大野の声と受け止めても間違いではないと考えられる。「名古屋養老院」の発起人が『名古屋養老院要覧』の「起原及沿革」に掲載されているが，発起人の先頭は大野となっており，仮事務所を大野の住所である名古屋市中区裏門前町に設置した。つまり「名古屋養老院」は，その後の養老事業実践において，これまで示した経緯を考察すると，明治期・大正期の養老院事業実践は大野の僧侶としての精神性及び実践的基盤によって進展していったと考えても間違いはないであろう。『名古屋養老院要覧』には「大院々長ハ明治四十五年七月二十五日青山朗氏死亡以来多年欠員中ノ処大正十四年一月十八日ノ理事会ニ於テ副院長大野隆阿弥ヲ院長ニ昇任セシムル事ニ決定シタリ」[36]とあり，上記に示した「天台宗」との関係，大野の養老事業への功労による受賞等をふまえても，明治期・大正期における大野の貢献度は高いものがあったと考えられる[37]。

なお，大野の養老事業への想いは他の県にも影響し，「岐阜養老院」（現在の岐阜老人ホーム）の「沿革」には次のような記載があった。「本院ハ明治四十一年（中略）大正七年ニ至リ名古屋市中区養老町養老寺住職大野隆阿弥師ト図リ

テ財団法人仏教養老同志倶楽部ヲ設立シ（以下略）」[38]。また，「岐阜養老院」の「養老婦人会総会概況」にも以下の文章が記載されていた。「一，事業概況報告　抑々岐阜養老院ハ明治四十一年ニ現在社会奉仕委員デ当院ノ常務理事加藤角太郎氏ガ岐阜地方ニ（中略）自活ノ途ナキ世ニ最モ憐ナル老人ヲ救済スル設備ナキヲ遺憾トシ岐阜市安良田五丁目ニ収容家屋一棟ヲ建設シ個人経営ニテ岐阜養老院ヲ設立シ（中略）大正六年名古屋市中区養老町養老寺住職大野隆阿弥ト図リ岐阜市ニ仏教養老同志会ヲ組織シ同倶楽部ノ慈善事業ノ一端トシテ経営スル事トナリ」[39]。原史資料がないため，詳しい経緯等に関して分析することはできないが，「岐阜養老院」と大野との関連を窺い知ることが，上記の「沿革」「養老婦人会総会概況」から理解できよう。

◆ 第3節　昭和期 ◆

1．財団法人設立

1925（大正14）年，「財団法人慶福会」からの下附金5,000円を契機に，同年改築増築工事も終了し，一定の民間養老事業施設としての地位を確立していった。表7－1の「公的補助等」がこの点を物語っているが，昭和期に入ってからは「宮内省」「愛知県」等の補助，助成も増加し，財団法人「坂文種報徳会」からの助成金もみられた。図7－1には大正二年から昭和十年までの「収容者年別出入人員表」を示しているが，「人員」の「年末現在」，つまり生活者の年末人員数も昭和期頃から増加傾向をみせている。『名古屋養老院要覧』には以下の文章が掲載された。

「今ヤ本院ハ相当ノ資産モ出来テ将来安全ニ之ヲ保持スル必要上従来ノ個人組織ヲ改メテ財団法人ト為スニ決定シ大正十四年九月一日設立認可ノ申請ヲ為シタリ」[40]。

この申請により，1927（昭和2）年7月28日付けで「内務省」から財団法人認可が許可され，8月13日に施設に許可証が届いている。8月24日には「財団法人設立認可登記済トナル」[41]と『名古屋養老院要覧』には記されている。

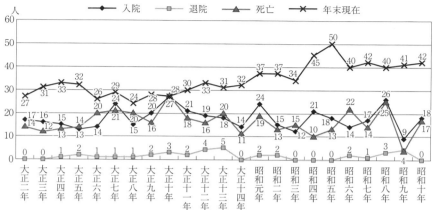

図7-1 収容者年別出入人員表

出所:『昭和十一年三月刷成 財団法人 名古屋養老院要覧』より作成

　こうした財団法人としての組織基盤の強化，財源の確保によって，図7-1の如く，「年末現在」の収容者数も徐々に増加していったと考えられる。
　また，財団法人となったことにより，「寄付行為」が規定された。以下，その一部を示す。
「財団法人名古屋養老院寄附行為
　　　第一章　　目的及事業
　第一条　本院は佛教の主義に基き慈善の行為を振興し社会の福祉を増進するを以て目的とす
　第二条　前条の目的を達成する為め一般鰥寡孤独の老人にして自活の途なきものに衣食住を給与し安心せしめ以て天寿を全ふせしむ
　　　第二章　　名称及事務所
　第三条　本院は財団法人名古屋養老院と称す
　第四条　本院は事務所を名古屋市中区養老町二丁目一番地の二に置く
　　　第三章　　資産及会計
　第五条　本院は設立者の寄附する別紙財産目録に掲くる動産及不動産並に将

来基本財産に編入すへき財産を以て基本財産とす

(中略)

第九条　本院の経費は左に掲くるものを以て之を支弁す
　　　一．基本財産より生する収入
　　　二．官庁及自治団体の補助金
　　　三．有志者の寄附金
　　　四．其他の収入

第十条　理事は毎年度経費予算を編成し年度開始前評議員会の議決を経へし経費決算は翌年度の評議員会に於て之を報告すへし

第十一条　本院の会計年度は毎年四月一日に始り翌年三月三十一日に終る

(中略)

第二十五条　理事及監事は初期に限り本院設立者大野隆阿彌之れを指定嘱託す

第二十六条　理事会に於て本院事務取扱細則を設くるものとす

第二十七条　設立者大野隆阿彌は其生存中特に院長の職務を行ふ

第二十八条　本院解散の場合に於て残余財産あるときは社会事業費として名古屋市養老町養老寺に寄附するものとす

　　　　　　　　以　　上

右昭和二年七月二十八日内務省認可　」[42]

「財団法人名古屋養老院寄附行為」は「第一章目的及事業　第二章名称及事務所　第三章資産及会計　第四章役員　第五章会議　附則」計二十八条で構成されていた。上記，第九条には「経費」について規定してあるが，これは「一，基本財産より生する収入　二，官庁及自治団体の補助金　三，有志者の寄附金　四，其他の収入」であった。この内，「基本財産」は「財産目録」として昭和十年三月三十一日現在のものが『名古屋養老院要覧』に記載されている。内訳は「普通基本金」「恩賜基本金」「職員救恤積立金」「三菱助成資金」「敷地建物価格」であり，計「九万二千四百四十一円五銭」[43]であった。上記，「第九

第3節　昭和期

表7-2　昭和九年度歳入出決算書

収入之部	款項	決算額
	総収入額	
	前年度繰越金	
	第一款　寄附金	
	一、一時寄附金	一、九一四
	二、月掛納金	一一、五九五
	三、割喜捨函金	五九六
	第二款　下附金	
	一、内務省奨励金	一、〇〇〇
	二、県補助金	六九二
	三、市補助金	一、六〇〇
	四、天台宗報徳会助成金	一五〇
	五、坂文種報徳会	一五〇
	六、衆善会助成金	五一〇
	第三款　利子金	
	一、基本債券利子	二、七三九
	二、銀行預金利子	四二〇
	第四款　雑収入	
	一、貸家料	二七〇
	二、香花料	七二
	三、寄贈品換算金	四四〇
	四、雑収入	四四二
	特別収入金之部（別途積立）	
	一金一封　宮内省御下賜金	

支出之部	款項	決算額
	総支出額	
	第一款　収容費	
	一、米麦費	
	二、副食費	
	三、薪炭費	
	四、被服費	
	五、治療費	
	六、衛生費	
	七、電灯費	
	八、水道費	
	第二款　需用費	
	一、文具費	
	二、印刷費	
	三、通信費	
	四、備品消耗品費	
	第三款　葬祭費	
	一、葬儀費	
	二、供養費	
	三、修繕費	
	第四款　諸給与	
	一、給料	
	二、旅費	
	三、賞与	
	四、雑役手当	
	第五款　諸税保険料	
	第六款　雑出金	
	一、寄贈品換算金	
	二、積立金	
	三、諸費	
	第七款　拡充準備金	
	一、職員救恤金	
	二、三菱助成資金	
	次年度繰越	

出所：『昭和十一年三月刷成　財団法人名古屋養老院要覧　名古屋養老院』

条」の「経費」について，その具体性を「昭和九年度歳入出決算書」から示してみると，表7-2のようになった。「雑収入」「利子金」も一定の収入となっているが，「寄附金」「一四七五円二〇」，「下附金」「一一六〇円〇〇」の存在は大きいといえる。「利子金」に関しては，「基本財産」が備蓄されており，一定収入（利子）となるが，それだけで養老院の運営はできず，表7-2の如く，「寄附金」「下附金」（補助金）の額が昭和九年度の場合「収入之部」全体の52.5％を占めていた。また，「昭和五年度歳入出決算書」が現存しており，「寄附金」「下附金」（補助金）が「収入之部」全体の51.2％を占めていた[44]。また，上記の要覧には「昭和十一年度歳入出予算書」が記載されており，「寄附

金」「下附金」(補助金) が「歳入之部」全体の 51.5% にあたる[45]。

2. 救護施設

　表7-2を見る限り，1932 (昭和7) 年1月1日から実施された「救護法」による「救護費」が見当たらない。現存する『昭和十一年三月刷成　財団法人名古屋養老院』においても「救護法」「救護費」について書かれていない。『昭和七年度　愛知県社会事業年報』の「第五章救貧事業」「3. 救護施設」の欄には「救護法第七条に依り地方長官の認可を受けたるものは名古屋市立東山寮，豊橋市立豊橋病院の二つの施設」[46]と記載されている。『昭和十年九月　名古屋市社会事業概要』には「東山寮」の「沿革」の中に「昭和七年六月四日救護法に依る救護施設として認可を受くる」[47]との記載があるが，「名古屋養老院」については書かれていない。なお，上記『名古屋市社会事業概要』(昭和十年九月十五日発行) に「第三章一般救護施設一覧」として「財団法人愛知育児院」「名古屋養育院」「財団法人名古屋養老院」[48]の3つの民間施設が挙げられている。ただし，これらの施設が1935 (昭和10) 年9月15日の段階で，「救護法」による「救護施設」に該当するか否かは判明がつかず，「名古屋養老院」が何時，救護施設としての認可を受けたかは不明である。因みに翌年の「昭和十一年版」の『名古屋市社会事業概要』には「第三章一般救護施設一覧」は以下の施設に増加していた。

　「財団法人愛知育児院　名古屋養育院　財産法人名古屋養老院　社団法人愛国婦人会愛知県支部　社団法人日本赤十字社愛知支部　社団法人帝国軍人後援会愛知支部　愛知県国防義会」[49]。

　なお，寺脇隆夫が社会局『第七拾回帝国議会救護法中改正法律案資料』(1937年初頭，未公刊) に掲載の「救護施設調」の主要案内を6つに区分・再編成した論文の中の資料において，「市立豊橋病院」「定員」30「法該当分定員」30，「名古屋東山寮」「定員」409「法該当分定員」240との掲載はあるが[50]，「名古屋養老院」は掲載されていない。

全国的に既存の養老院が「救護施設」の認可を受けるのは昭和7年または昭和8年頃であった。例えば，「神戸養老院」は1932（昭和7）年9月に認可を受けている[51]。他の施設を調べてみると，「函館慈恵院」1932（昭和7）年10月24日[52]，「小野慈善院」（石川県）1932（昭和7）年6月22日[53]，「大勧進養育院」（長野県）1932（昭和7）年5月12日[54]，「大阪養老院」1932（昭和7）年7月1日[55]，「別府養老院」1932（昭和7）年5月27日に認可を受けている[56]。「救護法」による「救護施設」として認可されると施設に「救護費」が支給されたが，この点について小笠原祐次は「救護法は養老院の経営を安定化させた役割を果たした場合と経営的に困難をもたらした場合，あまり大きな変化をもたらさなかった場合があったということができよう。」[57]と指摘している。また，小笠原は「救護費」が現実の経営にどの程度に反映したかという点から「大阪養老院や佐世保養老院は救護費の割合が低いので寄付金＋助成金中心型，別府養老院は寄付＋救護費型，岩手養老院は助成金＋救護費型であり，京都養老院は救護費型」[58]と述べている。「名古屋養老院」の場合，「救護費」に関する史資料がないため，正確な分析はできないが，「救護法」が実施された当初は，表7-2の如く，「寄付金」＋「補助助成金」＋「利子金」＋「雑収入」であるが，より誇張して述べれば，「名古屋養老院」は「寄付金」＋「補助助成金型」と位置づけられよう。もちろん，上記の「財団法人名古屋養老院寄附行為」の「第九条」「経費」は「基本財産より生じる収入」が先頭に位置づけられている。ただし，民間施設の運営上，「寄付金」には地域住民，地域組織等が施設に対して援助する財源としての精神性が内蔵されており，契約や措置といった現代のシステムにはない当時の慈愛的側面がみられた。言い換えれば「寄附金」は民間施設には不可欠とも言える施設の地域化，支援体制の組織化，強化において重要となるものであり，表7-2の「収入之部」においても先頭に「寄附金」が掲載されたのであった。

◆ 第4節　名古屋養老院の運営母体 ◆

　1901（明治34）年6月に設立された「名古屋養老院」は1909（明治42）年から寄附金募集の活動を開始したが，多数の住民からの寄付は施設運営上の必須条件であった。1898（明治31）年11月に「県治局」の後身として「地方局」が設立されたが，これは地方行政による管理統制，地方行政の実務強化を意味しており，民間施設を管理・統制していった。管理強化を包含した地方庁の補助金も明治40年代から広がりをみせるが，「名古屋養老院」へは1908（明治41）年から「市補助金」，1914（大正3）年から「県補助金」が交付された。「内務省」の「奨励金」は1909（明治42）年から実施されたが，「名古屋養老院」へは1916（大正5）年に奨励金を受けている。また，1925（大正14）年には「恩賜財団慶福会」からの「助成金」も受けている。明治期，大正期にかけて上記の補助金，奨励金，助成金等は「名古屋養老院」の財源に大きく貢献した。ただし，施設全体の運営に関しては明治期，大正期の「名古屋養老院」の事業実践は，大野の僧侶としての確固たる精神性，実践的基盤によって進展しており，同時に施設の創設当初からの発起人の支援体制が戦前期の組織上の基盤を形成していった。また，1932（昭和7）年に実施された「救護法」期の財源を分析すると，本文でも指摘したが，「名古屋養老院」は「寄付金」＋「補助助成金型」と位置づけられる。民間施設の「寄付」には先にも述べたように，地域住民，地域組織等が施設を援助する財源上の精神性，慈愛性が含まれており，施設の地域化，支援体制の組織化，強化にも重要な側面を持っていた。

〈注〉
1) 青山大作によると，「名古屋養老院」は「44年3月（1969）経営困難となり廃止」と述べられている。（青山大作『名古屋市の社会福祉―終戦時を中心として―』1973年，p. 106
2) 『昭和七年七月　第二回全国養老事業大会報告書』全国養老事業協会，昭和七年七月，p. 52

3）『昭和六年八月刷成　財団法人名古屋養老院要覧』名古屋市中区養老町二丁目　財団法人名古屋養老院，pp. 1 - 2
4）『第十五版　日本紳士録』交詢社，明治四十三年二月三十日，p. 95．
　なお，左記『日本紳士録』は，『明治大正昭和名古屋人名録』日本図書センター，1989年に復刻版として掲載されており，それを活用した。
5）同上書，pp. 2 - 103
6）『第二十九版　日本紳士録』〈財〉交詢社，大正十四年十二月五日，p. 69
　上記『第二十九版　日本紳士録』も復刻版を使用した。
7）同上書，p. 83
8）同上書，p. 29
9）前掲，『昭和六年八月刷成　財団法人名古屋養老院要覧』p. 2
10）同上書，p. 2
11）同上書，「収容者年別出入人員表」p. 17
12）小笠原祐次「養老院の創設と展開」『老人福祉施設協議会五十年史』全国社会福祉協議会老人福祉施設協議会，1984年，p. 16
13）同上書，pp. 19 - 20
14）なお，財団法人中央社会事業協会社会事業研究所編　谷山恵林編者『日本社会事業大年表』刀江書院，昭和十一年三月二十日，p. 175には「明治25」に「一月，ロビンソン幼老院（愛知）ヲ設置ス」との記載がある。ただし，現存する史料等はみつかっていない。
15）前掲，『昭和六年八月刷成　財団法人名古屋養老院要覧』p. 2
16）『神戸養老院』神戸養老院，明治三十九年六月二十四日，p. 22
17）井村圭壯「『救護法』期の神戸養老院の実践史研究」『岡山県立大学短期大学部研究紀要』第10巻，2003年，p. 24
18）前掲，『昭和六年八月刷成　財団法人名古屋養老院要覧』p. 2
19）厚生省五十年史編集委員会編集『厚生省五十年史（記述篇）』財団法人厚生問題研究会，1988年，p. 103
20）前掲，『昭和六年八月刷成　財団法人名古屋養老院要覧』p. 2
21）同上書，pp. 3 - 4
22）同上書，p. 4
23）「大正五年二月十一日本院事業助成金トシテ内務省ヨリ金百五十円下付セラル之レ政府
　補助ノ嚆矢ナリ」
　前掲，『昭和六年八月刷成　財団法人名古屋養老院要覧』p. 4
24）『昭和四年三月　名古屋市社会事業概要』名古屋市社会部，昭和四年三月三十一日，p. 63
25）同上書，pp. 63 - 64

26) 同上書, p. 63
27) 『大正十五年・昭和元年　愛知県社会事業年報』愛知県社会課, 昭和三年一月三十日, p. 46
28) 『大正十二年三月　愛知県社会事業要覧（大正十一年度）』愛知県社会課, p. 3　なお,『昭和九年十月　愛知県社会事業概要』愛知県には,「三, 養老」として「名古屋養老院」と並列に「東海養老院」（設立年月, 昭和八, 豊橋市）が記載された。
29) 三鬼清一郎編『愛知県の歴史』山川出版社, 2001年,「年表」p. 16
30) 『名古屋市中区史』中区制八十周年記念事業実行委員会, 2001年, p. 93
31) 前掲,『昭和六年八月刷成　財団法人名古屋養老院要覧』p. 3
32) 同上書, p. 8
33) 同上書, p. 8
34) 同上書, p. 8
35) 「養老院設立趣意書」明治三十四年十一月
36) 前掲,『昭和六年八月刷成　財団法人名古屋養老院要覧』p. 8
37) ここで大野隆阿弥について, 紹介しておく。
「大野隆阿弥氏は, 嘉永三年三月二十一日, 愛知県丹羽郡佐野村に生まれた。明治七年から同十五年まで, 丹羽郡赤見村裁松寺住職杉川義範について, 仏学及び漢学を修めた。
　其後, 京都蛸薬師極楽院空也堂住職上人萬原定慶師について得度, 入門した。以後, 熱心に仏道を励んだが, 氏は当時円頂社会の情勢が唯米櫃の中に於ける生活に安逸して, 何等社会的に働きかけのないのを歎じ, 常に悶々の情を禁じ得なかつた。
　たまたま, 明治三十年一月, 英照皇太后崩御ましまし, 氏は同年二月の御焼香に参列を命ぜられた事を機とし, 遂に社会事業に投ずるの決心を固めたのであつた。
　即ち, 其年の十一月, 先づ, 自活の道なき老年者十四名を収容して, 保護を加へ, 養老事業の第一歩に, 踏入つたのであつた。越えて, 三十五年, そのうちの一老人が死去した時氏は, 之が葬式を営んだことが, いたく全市民の同情を得, 夥多の会葬者があつた。氏は, これに感激して, 益々事業への邁進を志したのであつた。（中略）
　又, 昭和二年には, 慶福会から, 終身奨励金を下付せらるゝこととなつた。猶, 同年の陸軍大演習の際には, 社会事業功労者として, 天皇陛下に拝謁仰付けられたのである。
　昭和三年十一月, 畏くも即位の大礼を行はせらるゝに方り, 社会事業に関する功績を認められ, 内務大臣より表彰状を下付, 銀牌を授与せられた。」（出典：『社会事業功労者事蹟』内務省社会局, 昭和四年十二月十九日, pp. 368-370）

38)『昭和八年度　養老院事業概況　財団法人岐阜養老院』「沿革」
39)『昭和九年六月二十三日　養老婦人会総会概況』岐阜養老院，昭和九年六月二十三日，p. 1
40) 前掲，『昭和六年八月刷成　財団法人名古屋養老院要覧』p. 8
41) 同上書，p. 10
42)『昭和六年八月刷成　財団法人名古屋養老院要覧　設立趣意書定款並細則　名古屋養老院』pp. 3－9
43)『昭和十一年三月刷成　財団法人名古屋養老院要覧』pp. 18－19
44) 前掲，『昭和六年八月刷成　財団法人名古屋養老院要覧』p. 16
45) 前掲，『昭和十一年三月刷成　財団法人名古屋養老院要覧』pp. 21－22
46)『昭和七年度　愛知県社会事業年報』愛知県学務部社会課，p. 91
47)『昭和十年九月　名古屋市社会事業概要』名古屋市社会部，昭和十年九月十五日，p. 16
48) 同上書，p. 20
49)『昭和十一年版　名古屋市社会事業概要』名古屋市社会部，昭和十一年九月一日，p. 36
50) 寺脇隆夫「救護法下の救護施設の実態」『長野大学紀要』第24巻第3号，2002年，pp. 392－394
51)『養老施設社会福祉法人神戸養老院概要』
52)『函館厚生院五十年史』函館厚生院，1950年，p. 9
53)『概要　陽風園』社会福祉法人陽風園，1968年，p. 89
54)『大勧進養育院事業概要』大勧進養育院，昭和八年，p. 30
55)『道ひとすじ　大阪老人ホーム二代の足跡』社会福祉法人聖徳会，1982年，p. 24
56)『昭和七年度　別府養老院年報』昭和八年三月末日，p. 25
57) 小笠原祐次「公的救済の開始と施設の増設」，前掲書，p. 88
58) 同上書，p. 86

第8章

札幌養老院の養老事業実践に関する研究

◆ 第1節　札幌養老院の設立 ◆

　1925（大正14）年1月15日，財団法人「浴風会」が設立された。「浴風会」は昭和期に入り，「全国養老事業協会」の事務局となり全国の養老院の近代化に貢献したことはよく知られている。時を同じく，北海道に1925（大正14）年10月5日，「札幌養老院」が設立された。現在の社会福祉法人「さっぽろ慈啓会」（法人本部：札幌市中央区旭ヶ丘5丁目6番51号）である。戦前期の「浴風会浴風園」に関しては，これまで研究がなされてきたが，筆者の知る限りでは「札幌養老院」に関する研究は見当たらなかった。1922（大正11）年に札幌に市制が敷かれ，札幌市で最初の養老院であった「札幌養老院」であるが，史資料の不足もあり，研究はなされていない。しかし，現在の法人にまで継承されてきたからには，戦禍を潜り抜け，財源のない苦難の時代に独創的な養老事業実践を展開したと考えられる。1932（昭和7）年7月20日に内務省社会局大会議室で開催された「第二回全国養老事業大会」には「札幌養老院」から主事である亀森富吉が出席した[1]。この大会では1932（昭和7）年1月1日から実施された「救護法」の養老院への影響等が審議されたが，「札幌養老院」においても財源上の変化が現れた。

　本章は，大正期から「救護法」期における養老院の実情を「札幌養老院」の養老事業実践を通して論考する。特に「札幌養老院」の固有の実践形態を中心に，限り有る史資料ではあるが，その概要を整理する。

◆ 第2節　新善光寺と檀信徒の組織化 ◆

　「札幌養老院」は，1925（大正14）年10月5日，札幌市浄土宗「新善光寺」住職林玄松（1872-1928）が檀家一同の協力を得て，札幌郡藻岩村大字山鼻村千九百十番地元札幌学院を北海道庁より借用し，「新善光寺」の附帯事業として開設した。1925（大正14）年10月24日には開院式を挙行している[2]。開院式までの経緯について，林玄松は筆書きした『大正十四年六月起　記録簿　札幌養老院』の中で次のように記している。「大正十四年五月初旬，道庁内務部長侍局迄希望者ノ旨申出置，同月二十八日当市役所社会係ニ奉職シアル草野留吉氏ノ令息弘君ヲ以テ，道庁社会課長ニ御意向ノ如何ヲ伺出申候所同課長山本秋廣氏ハ計画ノ事業ニ痛ク同情シ速ニ願出ヲ提出スベキ旨ヲ漏ラサレ，尚自ラ執筆願面ノ下書ヲ下附セラル，此ニ於テ左記ノ願出ヲ作製持参シテ，六月一日新善光寺住職林玄松，同寺檀家総代大竹敬助，草野留吉ノ三氏出頭，山本課長ニ親シク懇願ノ処，課長ハ大ニ歓迎ノ面持ニテ，目下本道ニハ唯函館ノ慈恵院ノ中ニ養老部アルノミニテ夫ハ専門ナカラズ，又全道トシテハ位置辺境ナリ，然ニ中央ノ札幌ニ斯業ノ開設セラルルハ，全道ニ取テ便宜ナラン，追テ何分ノ詮議ヲ取計フベシト申サレタリ」[3]

　上記の文面からは，養老院設立に対して行政側の好意的側面が窺えるが，翌1926（大正15）年10月12日には北海道庁から借用中の院舎及び敷地の払下を受けている。なお，1925（大正14）年10月12日には「札幌養老院」の「創立委員会」が開かれた。この委員会で理事7名，監事5名，評議員50名が決定し，組織的な体制を整えた。1925（大正14）年10月24日には養老院の院舎で「開院式」を行っている。出席者は北海道庁から中川健蔵長官，内務部長百済文輔等18名，札幌市役所から高田直吉市長，増田彰市助役他，藻岩村長，石狩支庁長，代議士，道会議員，市会議員，商業会議所議員，商業特別議員，各宗寺院，社会慈善事業団体，創立委員及び檀信徒等であった[4]。この「開院式」に関して当時の地元紙『北海タイムス』が10月25日付の朝刊に次のよう

に掲載した。

「仏祖大悲の教旨に基き，道内に於ける貧困無告の老衰者を救済する目的のもとに，霊峰藻岩山麓の旧札幌感化院跡に設置せられた，新善光寺檀信徒の創設にかかる札幌養老院開院式は，秋晴れの二十四日午後二時より同院に於て挙行された。来賓並に出席者五百余名。一同着席するや金子氏開会の辞に次いで国歌合唱。新善光寺方丈林玄松師，聖徳太子十七条憲法拝読。委員長大竹敬助氏の式辞，常務理事草野留吉氏の経過報告次いで浄土宗官長山下大僧正の祝辞，北崎文書課長，長官告辞を代読，田村石狩支庁長，高岡市長，商業会議所大瀧会頭の祝辞を落合書記長代読，最後に大竹敬助翁書写神山の祝賀詩歌の披露，式後別室に於て祝宴を開催，大竹氏の挨拶，高岡市長の謝辞ありて三時半散会した。因に輓近道民生活状態更に複雑となり，敗残者の群を見るの時，今回新善光寺の此挙は社会政策上多大の注目を惹いて居ると共に進展を期待されて居る。」[5]

この記事を読む限り，「来賓並に出席者五百余名」とあり，大規模な開院式であったことがわかる。1927（昭和2）年9月5日には財団法人組織を申請し，同年12月3日付をもって認可を受けている[6]。こうした早期の財団法人への組織化，あるいは「創立委員会」の設置は，母体が「新善光寺」の附帯事業として創設され，林玄松が先頭に立ち，同時に檀信徒の存在が大きかったと考えられる。1925（大正14）年9月28日には「役員会」を開いているが，このことを数少ない原史料である『大正十四年六月起　記録簿　札幌養老院』（手書き史料）には次のように記されている。

「役員会　九月二十八日午後四時　当寺役員会開会，左記創立委員七十五名ヲ選挙シ，来月十二日創立委員会開会ヲ約シテ解散ス　創立委員（七十五名）」[7]。この創立委員75名が「記録簿」には記載されているが，創立委員の先頭には「大竹敬助」の名があった。大竹（1855-1932）は「新善光寺」の創立委員であり，檀家総代であった。また，「札幌養老院」初代理事長林玄松が他界後，2代目理事長を務めた人物である。創立委員は「新善光寺」の檀信徒

であり，大竹以外にも錚々たる人物が選出されている。例えば，助川貞次郎（1860-1929）であるが，助川も「新善光寺」の檀家総代を務めており，「札幌人力車営業組合，札幌石材馬車鉄道，札幌市街軌道，札幌市電気軌道等の重役として，札幌市の交通網整備と近代化に尽力した。1901（明治34）年，北海道議会議員に当選，以後，道議4期をつとめる」[8] 人物であった。

　母体である浄土宗「新善光寺」の存在，同時に檀信徒の組織化が「札幌養老院」を発展させていった。札幌市役所社会課が1936（昭和11）年に発行した『札幌市社会事業一覧』において養老院関係は「札幌養老院」だけであり，以下のように掲載されていた。

「札幌養老院
　　名　　称　　財団法人札幌養老院
　　事業種類　　養老保護
　　位　　置　　市外藻岩山麓
　　電話番号　　三三七〇番
　　設立年月　　大正十四年十月
　　沿　　革　　本院ハ浄土宗新善光寺附帯事業トシテ元庁立札幌学院跡ニ開設シ孤独無援ノ老衰者ヲ収容救済セシガ昭和二年十二月財団法人組織トナシ，同六月院舎改築シ翌七年度ヨリ収容定員五十名更ニ昭和九年度定員七十名ニ拡張セリ，而シテ本院ハ昭和九年六月二十一日救護法ニ依ル救護施設トシテ認可ヲ受ケ事業ノ発展ニ伴ヒ昭和十年八月工費五千五百五十円ヲ以テ院舎ヲ増築セリ。
　　職　　員　　主事一名，事務員二名，寮母二名，嘱託医一名，嘱託一名　（以下略）　」[9]

　上記の文章に「同六月院舎改築シ翌七年度ヨリ収容定員五十名更ニ昭和九年度定員七十名ニ拡張セリ」とある。こうした迅速な発展も，繰り返しになるが，母体である「新善光寺」の存在は大きかった。「新善光寺」は1882（明治15）年，大谷玄超上人が大木山増上寺の特命開教師として北海道一円を巡教した

際，札幌に一寺の創立を計画，1884（明治17）年，薄野の一角に「新善光寺」寺号公称の許可を得て開山に至った寺である。1901（明治34）年には旧本堂が完成した。「新善光寺」は養老院のために1926（大正15）年5月25日，所有の「土地一町六反，並に家屋三棟（100坪）」[10]を寄附している。こうした「新善光寺」の養老院への貢献が施設の発展へと繋がっていった。

1925（大正14）年10月5日浄土宗「新善光寺」第二世住職である林玄松は，「札幌養老院」の初代理事長に就任する。林玄松は1872（明治5）年1月21日，大分県西国東郡大田村の庄屋，林為七・チョウの二男として生まれた。玄松9歳の時，東京芝の「天徳寺」住職，大谷在玄に預けられ修業し，「宗学東京支校」で学び，1896（明治29）年に，名前を「玄松」と改め，浄土宗の僧侶となった人物である[11]。この玄松によって創設された「札幌養老院」は，浄土宗関係養老院としては3番目の施設であった。つまり，1903（明治36）年創立の「東京養老院」，1924（大正13）年創立の「佐世保養老院」が存在した[12]。「札幌養老院」は林玄松の養老事業への精神性と檀信徒の組織化によって発展していったが，玄松は1928（昭和3）年12月11日に他界した。その後2代目理事長に就任したのが先にも述べたように「新善光寺」の檀家総代を務めていた大竹敬助であった。大竹は山形県山形市十日町，納豆製造業，本多茂平治の4男として生まれた。18歳の時，大竹家の養子となった。1886（明治19）年，札幌に出て，狸小路4丁目で旅館を開業，1890（明治23）年には駅前通りの北2条西4丁目に「山形屋」を開業している。後年は地域奉仕に徹し，区会議員，日本赤十字社特別社員等を歴任した人物である[13]。大竹は1928（昭和3）年12月31日から1932（昭和7）年11月17日まで「札幌養老院」の理事長を務めたが，その間，院舎の総改築，定員の拡張を図っている。また，改築においては「夫婦寮」を新設する等，事業の発展に貢献した。1931（昭和6）年に発刊された『事業概要』に「改築の理由及び経過」が掲載されているので記しておく。

「本院在来の院舎は元庁立札幌学院々舎にして，明治四十一年の建築に係り，腐朽甚しく，且つ其様式収容上に不備の点少なからず，加ふるに事業は逐年進

展し収容者三十名を下らざるに至り，尚財界不況に影響せられ要救護者更に続出の状態なるを以て，其保護に万全を期すべく院舎の壮改築を計画し，改築委員を選任し昭和六年融雪直に起工し，同年九月工費二万五千円を以て，木造二階建亜鉛引鉄板葺二百六十三坪，近代的様式の理想的院舎の竣功を見るに至れり。一方在来の建物中礼拝堂は之に納骨堂を増設移転して新館に付属せしめ，一部の院舎は改造して夫婦寮を新設せり。この外作業室，倉庫は其まま存置して使用に供し，残る百八十五坪は之を壊除せり。以上の画期的新改築に依り，建物総坪数四百三十一坪，内外諸般の設備亦整ひ収容力一躍壱百名に増大せり。」14)

　上記のように「夫婦寮」や定員の増加を図り，旧来の「札幌学院」の院舎から，新しい養老院の院舎へと施設の改築を行った。改築にあたっては「改築委員」が選任されたが，以下の名が『事業概要』に記されている。

　「安富賢亮　大竹敬助　鈴木卓治　竹原勇吉　池田新三郎　中村久作　小田辰次郎　金子久吉」15)。この内，安富賢亮（1903-1941）は「新善光寺」の3代目住職であり，「札幌養老院」の4代目理事長を務めた人物である。また，鈴木卓治（1860-1941）は，「新善光寺」の「創立委員」であり，檀家総代，「札幌養老院」の3代目理事長であった。こうした「新善光寺」と深い関係にある人物が「改築委員」に選任され，事業も進展していったと考えられる。

　「札幌養老院」では『事業概要』を毎年発刊していたと思われるが，昭和6年度，昭和10年度，昭和11年度のものしか残っていない。また，『養老』という広報誌を発刊していたが，第20号（昭和11年），第22号（昭和12年），第26号（昭和13年）しか発見されていない。この点は1940（昭和15）年4月6日早朝に発生した失火が原因と考えられる。また，戦後の増改築等によって紛失したとも言われている。なお，広報誌『養老』は「養老院近況」として毎月の出来事，行事等が細かく記載され，同時に「臨時寄贈者芳名」「賛助員芳名」の欄があり，「臨時寄贈者芳名」には「御追善」「事業御賛助」「物品」があり，金額と住所，氏名がくまなく掲載されていた。同じく「賛助員芳名」の

欄にも住所と氏名が掲載されていた。また,「全国私設社会事業大会」の記事,「訃報」「年度内ノ異動総数」「年度内月別異動数」「開設以来ノ年度別収容状況」他が掲載され,養老院の状況報告を示している。この『養老』は施設の地域化,組織化に繋がるものであり,養老事業の啓発に貢献したと考えられる。

◆ 第3節　救護法と養老院の財源 ◆

　1932（昭和7）年1月1日,「救護法」が施行された。全国の養老院は「救護施設」の認可を得,施設には「救護費」が支給されるようになった。「札幌養老院」は1934（昭和9）年6月21日に救護施設の認可を得ている[16]。全国の養老院の中では比較的遅い時期の認可であった。例えば,同じく浄土宗関係の養老院である「東京養老院」は1932（昭和7）年3月に認可を受けている[17]。また,「佐世保養老院」は1933（昭和8）年3月9日に認可を受けている[18]。北海道地方では「函館慈恵院」が1932（昭和7）年10月24日に認可を受けている[19]。

　表8-1には「札幌養老院」の「昭和十一年度経常部収支予算」を示しているが,「歳入」の主要項目は,「補助金」2,100円,「寄附金」2,500円,「救護費」5,222円であった。なお,「救護施設」の認可を得る前の収支予算を見てみると「昭和六年度経常部収支予算」の主要項目は「財産収入」2,000円,「補助金」1,700円,「寄附金」3,390円であった[20]。また,「昭和十年度経常部収支予算」の主要項目は,「補助金」1,800円,「寄附金」1,600円,「救護費」3,800円であった[21]。このことから「札幌養老院」は救護施設に変化して以降は「補助金」＋「寄附金」＋「救護費」が主要な収入源であったと考えられる。なお,全国の養老院は「救護法」の認可を受けても主要収入源には,ばらつきが見られたことは事実である。この点について小笠原祐次は次のように述べている。「養老院の経営が決して救護費のみでなりたっているわけではない。大阪養老院や佐世保養老院は救護費の割合が低いので寄付金＋助成金型,別府養老院は寄付＋救護費型,岩手養老院は助成金＋救護費型であり,京都養老院は救護費

第3節 救護法と養老院の財源　115

表8-1　昭和十一年度経常部収支予算

科目	金額
第一款　財産収入	
一　基本財産収入	六八円
二　土地金収入	三六四
三　預金利収	五〇
四　家屋金収入	一、〇〇〇
第二款　補助金	
一　宮内省御下賜金	三一
二　内務省奨励金	四三
三　北海道廳補助金	四五〇
四　札幌市役所補助金	三〇〇
五　浄土宗務所補助金	五一
六　新善光寺寄附金	一、〇〇〇
第三款　臨時寄附金	
一　定期寄附金	二、二〇〇
二　物品寄附	五〇
第四款　生活扶助費	一、四一六
第五款　行旅病人救護費	八一
第六款　埋葬費	四七
第五款　作業収入	
一　工業生産物代	一三〇
二　農業生産物代	五〇九
第六款　雑収入	五〇〇
第七款　繰越金	一、九六〇
計	一、九六〇七

科目	金額
第一款　事務費	
一　俸給	四九四
二　雑給	一五〇
三　旅費	三〇
四　需品費	一二〇
五　消耗品費	一九〇
六　筆紙墨文具	一一
七　通信及印刷運搬	二一
八　図書及印刷	五五〇
九　雑費	二二
第二款　収容養費	
一　給養費	五三六
二　賄費	三九六
三　被服及日用品	四五一
第三款　作業費	
一　農作業費	一八八
二　工業費	四一七
三　雑作業費	一三七
第四款　娯楽費	一
診療熱	一六
光熱	二〇九
第四款　修繕費	
一　小修繕費	三六
畳修繕費	二三
第五款　負債償還費	
一　負傷償還費	五九二
二　負債償還費	五九二
計	一、九六七

出所：『昭和十一年九月　事業概要』pp. 23-25

型となっており，一般には救護費のみに経営を依存できない状態であったことがわかる。」[22]。「札幌養老院」の場合は先にも記したが，「補助金＋寄付金＋救護費型」といえる。

なお，「札幌養老院」への補助金，助成金は表8-2に示すように，「北海道庁」から昭和2年度から補助金を受けている。「札幌市役所」からは昭和3年度から補助を受けている。昭和6年度には「北海道庁」から2,000円，「札幌市役所」から1,000円，「恩賜財団慶福会」から2,000円の補助，助成を受けているが，これは1931（昭和6）年に院舎を総改築する際のものであった。同じく昭和10年度に「北海道庁」から300円，「浄土宗務所」から100円，「恩賜

116　第 8 章　札幌養老院の養老事業実践に関する研究

表 8－2　補助金・助成金　　　　　　　　　　　　　　　　（円）

	宮内省御下賜金	特別御下賜金	内務省	北海道庁	札幌市役所	三菱合資会社	三井報恩会	浄土宗務所	浄土宗管長御遺品金	恩賜財団慶福会
昭和 2 年度				150						
昭和 3 年度			100	200	100					
昭和 4 年度	100		100	200	100					
昭和 5 年度	100	200	100	200	100					
昭和 6 年度	100	700	100	200 2,000	100 1,000					2,000
昭和 7 年度	200	700	100	200	100	1,000				
昭和 8 年度	200		400	300	100	900				
昭和 9 年度	300	3,000	400	300	150	800	200	150	100	
昭和 10 年度	300		400	300 300	150	600		150 100		2,000

出所：各年次報告書より作成

財団慶福会」から 2,000 円の補助，助成金があった。これも 1935（昭和 10）年に院舎を増築するためのものであった。なお，「救護法の実施は，その適用によって経営的安定が実現できるとの期待とは反対に，適用は十分に行われず，さらには寄付金や助成金などの減少によってかえって経営を困難にした」[23] との指摘もある。「札幌養老院」は 1934（昭和 9）年 6 月 21 日に「救護法」による「救護施設」の認可を受けたが，「北海道庁」からの補助金，「札幌市役所」からの補助金に変化は見られなかった。ただし，「寄附金」に関しては，現存する昭和 6 年度，昭和 10 年度，昭和 11 年度の年次報告書からみた「収支予算」ではあるが，昭和 6 年度の「寄附金」が 3,390 円であるのに対し，昭和 10 年度の「寄附金」は 1,600 円，昭和 11 年度は 2,500 円であり，確かに「寄附金」は減少している。特に「定期寄附」は昭和 6 年度 2,040 円であるのに対し，昭和 10 年度は 450 円に激減しており，昭和 9 年度から「救護法」による「救護費」を受けた影響が出ているとも考えられる。また，「臨時寄附」も昭和 6 年度が 1,350 円であるのに対し，昭和 10 年度は 800 円であった。

　民間施設においては施設に地域化，支援体制の組織化，強化の観点からは寄付金は重要な位置を占めていた。広報誌『養老』には寄付者氏名が金額ととも

第3節　救護法と養老院の財源

に隈なく掲載されていた。例えば『養老』第二十号の「臨時寄贈者芳名」の欄の一部を示すと,「事業御賛助　札幌市南十二西一　島口タマ殿　一金二十円也　札幌市北五西十六　花岡喜善殿　一金三十円也　札幌市南二西四　大西哲雄殿　一金十円也（以下略）」[24]等のように事細かく氏名と金額を掲示し,感謝の念を表現していた。

　現存する年次報告書である『事業概要』には「財団法人札幌養老院寄附行為」が掲載されているので少々長くなるが紹介しておく。

「財団法人札幌養老院寄附行為

　　　　一．目的及事業
　第一条　本院ハ佛祖大悲ノ教旨ニ基キ貧国無告ノ老衰者ヲ救済シ余生ヲ安楽
　　　　　ナラシムルヲ以テ目的トス。
　　　尚附帯事業トシテ不時ノ災厄者ヲ臨機ニ救護スルモノトス。
　　　　二．名称及事務所
　第二条　本院ハ之ヲ財団法人札幌養老院ト称ス。
　第三条　本院ハ事務所ヲ札幌市南五条西一丁目二番地新善光寺内ニ置ク。
　　　　　三．資産及会計
　第四条　本院ノ資産ハ左ニ記載スルモノヨリ成ル。
　　一．別紙目録ニ掲クル財産。（目録省略）
　　二．財産ヨリ生スル果実。
　　三．御下賜金。助成金。補助金及寄附金品。
　　四．雑収入
　第五条　前條第一号ノ財産ヲ本院ノ基本財産トス。各年度ニ於ケル剰余金又
　　　　　ハ基本財産トシテ寄附ヲ受ケタル不動産及動産ハ之ヲ基本財産ニ編
　　　　　入ス。
　　　　　但シ評議員会ノ決議ヲ経テ剰余金ノ全部又ハ一部ヲ翌年度ノ経費ニ
　　　　　充ツルコトヲ得。基本財産ハ評議員三分ノ二以上ノ同意ヲ得ルニ非
　　　　　サレハ処分スルコトヲ得ス。

第六条　本院ノ資産ハ理事長之ヲ管理シ基本金ハ郵便官署又ハ確実ナル銀行ニ預ケ入レ或ハ土地家屋又ハ有価証券ヲ購入シ利殖ヲ図ルモノトス。
第七条　本院ノ会計年度ハ毎年四月一日ニ始リ翌年三月三十一日ニ終ル。
第八条　本院ノ理事ハ毎年予算書及決算書ヲ調製シ予算ハ年度開始二月前迄ニ評議員会ノ決議ヲ経決算ハ次ノ評議員会ノ承認ヲ経ルモノトス。

　　　　四．賛　助　員
第九条　本院ノ事業ヲ翼賛シ年額金一円以上十ヶ年間若クハ一時金十円以上寄附スル者ヲ賛助員ト称ス。
第十条　賛助員ハ何時ニテモ事業ノ状況及会計其他ニ付質問ヲ為スコトヲ得。

　　　　五．役　　員
第十一条　本院ニ左ノ役員ヲ置ク。
　一．理事　十名。　　一．監事　三名。　　一．評議員　三十名以内。
第十二条　理事ハ評議員会ニ於テ選任シ其任期ハ四ヶ年トス。
第十三条　理事中ニ理事長一名，常任理事一名ヲ置ク理事長及常務理事ハ理事ヨリ互選ス。
　　　　（以下略）　　　　　　」25)

　上記「寄付行為」は統制の取れた組織性の強い条文であり，「第三条」に「本院ハ事務所ヲ札幌市南五条西一丁目二番地新善光寺内ニ置ク」と規定し，「新善光寺」の檀信徒を中心に組織化されたものであった。広報誌『養老』も隈なく寄付者を掲載していたように檀信徒の組織性，精神性（慈愛性）の強化，養老院の地域化を含め，施設の母体である「新善光寺」の存在の大きさを物語る条文が上記の「寄付行為」であるといえよう。

◆　第4節　従事者　◆

　表8−1の「昭和十一年度経常部収支予算」の「歳出」の「第一款事務費」に「諸給」「俸給」とある。つまり，従事者の存在を意味するが，昭和11年度の『事業概要』には以下の職員が示されていた。

第4節　従事者

「主事　亀森富吉　嘱託医　医学博士渡邊栄一　書記　清水久澄　岡甫盛　保母　亀森芳子　清水ツヤ　高橋ムメ　岡タミ　嘱託　田中賢良」[26]。また，昭和6年度の『事業概要』には「職員」として「主事　亀森富吉　事務員　高橋勇次郎　外に傭人数名」[27]となっていた。このことから1936（昭和11）年度には職員の数も増え，実践の体制も整っていたと考えられる。「昭和十年四月二十二日より残余の舊院舎を壊除し，新に七十九坪余，工費五千六百五十円の平屋建院舎を増築八月三十一日竣功す。」[28]「昭和十一年四月一日より定員九十名に拡張。」[29]と年次報告書には記載されており，施設事業は着実に発展していった。上記「職員」の中に「亀森富吉」とあるが，正確には亀ヶ森留吉であり，養老院の初代主事（実質は施設長）を務めた人物である。「1931（昭和6）年12月31日から1943（昭和18）年8月31日」[30]まで主事として従事した。亀ヶ森は社会事業実践者（現代のソーシャルワーカー）であり，1924（大正13）年から1930（昭和5）年まで「北海道庁立大沼学院」（少年感化院）で教鞭をとった。「札幌市社会福祉事業協会」「北海道社会事業団体連合会」の中心的人物であった[31]。亀ヶ森は施設内に住んで，高齢者と寝食を共にした実践者であった。この亀ヶ森に信頼を寄せていたのが嘱託医の渡邊栄一であった。渡邊は1924（大正13）年に北海道帝国大学医学部予科に入学，1925（大正14）年から札幌市豊平川の河畔にあった貧民窟で同僚と共に病人の診察に当たった。1931（昭和6）年，卒業と同時に「札幌養老院」の嘱託医となり，無報酬で診察治療を行った人物である[32]。こうした施設の高齢者を直接支援し，現場の中で悪戦苦闘した実践者の発言した史資料が必要であるが，「札幌養老院」に関しては現存していない。なお，亀ヶ森は『北海道社会事業』に論文を載せているので，その一文を紹介する。

「現在我国の社会施設の数は，五千三百余あるのであるが，千三百年の古い歴史を有する養老事業は，此中に僅々九十程しか無いのである，一体救貧的社会事業は，防貧的社会事業に比し，不活発の傾がある，中就此養老事業は，児童に対するものとか，医療保護事業などに比して一段と不振の様に思はれる，

之は後者の前途ある対象である事や，社会衛生上等閑視出来得ないに比し，前者は所謂社会の隠遁たる故に，比較的也人の注目を引かぬ為であろう。

然し人生行路の大部分を社会に貢献し来り，此間処世の辛酸を嘗め，愈々老後の慰安を得んとするに，不幸にして其資其途の無い不過の老人である，其因つて来たる原因を調査しても，或は怠惰，酒，賭博，女等への惑溺などの，個人的原因に依るものもないでは無い，然し失業，疾病，経済的影響等の社会的原因が大である事は同情に値すると共に斯業の一層親展完充を熱望する。

財界の不況，個人主義思想の発展等は，要救護者輩出に拍車を掛ける，今後益々増加するであろう，最近の全国的統計は無いが札幌養老院丈の収容状況に依るも

昭和五年度入院者数十三名昭和六年度同上十七名昭和七年度同上二十三名昭和八年度自四月至七月十日同上十二名

以上の如く斯業の前途は益々多端である，救護法施行せられて1ヶ年半，不備，不点も無いでも無いが同法施行に依つて救護の途も条件も緩和拡張せられた，之が時宜に処し徹底的運用と社会連帯の責任感念並に同胞愛の精神に依り社会大衆の理解と支援に依り，激増し行く老齢者救護に遺漏なからしめたきものである。」[33]

上記の文章からは，要保護状態に陥る「社会的原因が大である事」を明確に認め，養老事業の発展に期待する想いが表出されていることは確かである。こうした上記の文章も施設内で高齢者と共に生活する中で書かれたものであろうが，亀ヶ森の「札幌養老院」での主事としての実践は戦時下の1943（昭和18）年8月31日まで続いた。

◆ 第5節　生活者 ◆

では「札幌養老院」の生活者はどのような状況にあったのであろうか。表8－3には「開院以来の収容状況」を示している。「前年度ヨリ越員」が「昭和二年度」「昭和三年度」「昭和四年度」と20人台に増加しているが，昭和2年

第5節　生活者

表8-3　開院以来の収容状況

年度	大正十四年度	昭和元年度	昭和二年度	昭和三年度	昭和四年度	昭和五年度	昭和六年度	昭和七年度	昭和八年度	昭和九年度	昭和十年度	計
前年度ヨリ越員　性別　男	―	六	六	五	六	五	六	―	一二	一一	二五	三九
前年度ヨリ越員　性別　女	―	五	五	一六	一四	一五	一三	二〇	一〇	二二	三二	二六
前年度ヨリ越員　計	―	一一	一一	二一	二〇	二〇	一九	二〇	二二	三三	五七	六五
入院　性別　男	六	五	一二	七	六	五	一五	一六	三〇	八九	六七	一五〇
入院　性別　女	―	―	一	九	一	六	八	一三	三〇	四二	一一二	二二八
入院　計	六	五	一三	一六	七	一一	二三	二九	六〇	一三一	一七九	三七八
退院　性別　男	―	―	二	―	一	一	二	―	三	―	四	一二
退院　性別　女	―	―	一	二	―	一	三	七	六	四	三	一〇
退院　計	―	―	三	二	一	二	五	七	九	一〇	五	三四
死亡　性別　男	―	―	一	七	七	二	三	三	八	一	三	二	四	―	一	五	一二	一五	七八
死亡　性別　女	―	―	―	―	三	三	二	三	四	三	四	―	一〇	二〇	二一	一二	七八
死亡　計	―	八	九	六	九	五	一〇	七	二一	二二	三三

開設以来一日一人の延人員十三万九九七十人，昭和十一年度へ越人員 七二名（男 四八名，女 二四名）

出所：『昭和十一年九月　事業概要』pp. 18-19

9月5日に財団法人の申請をし同年12月3日に認可を受けている。また，昭和3年4月1日より定員を35名に増加させた点が起因しているとも考えられる。また，「昭和六年度」の「前年度ヨリ越員」が26名，「昭和七年度」は31名と増加している。「入院」も「昭和六年度」あたりから増加傾向にあるが，この点は昭和6年4月1日より定員を40名に拡大，昭和7年4月1日から定員を50名にした点に関連していると考えられる。表8-3を見る限りでは確実に収

表8-4　在院者年齢別

年齢	人員	年齢	人員	内
八九才	一	六九才	二	盲目者　七
八八才	一	六八才	二	
八五才	一	六七才	四	聾者　一
八三才	四	六六才	二	
八一才	一	六三才	五	歩行不能者　三
八〇才	一	六二才	三	
七九才	四	六一才	一	精神耗弱者　六
七八才	四	五九才	一	
七七才	六	五七才	一	
七六才	二	五三才	二	
七五才	二	四四才	一	
七四才	一	四一才	一	
七三才	九	三五才	一	
七二才	四	二七才	一	
七一才	二	二三才	一	
七〇才	計	七二		

出所：『昭和十一年九月事業概要』p.20

容者が年毎に増加する傾向が出ている。収容者の増加とともに死亡者数も多くなっているが，「死者の生じたる時は菩提寺札幌市新善光寺より僧侶の来院を求め葬儀供養を営み，遺骨は院内納骨蔵（位牌堂附属）に保管す。尚春，彼岸会には本院開設以来の死者の追弔会を行い，毎月月始には開設以来の祥月先亡死者供養をなし共に其霊を祀る。」[34]こととなっていた。

表8-4には「在院者年齢別」を示している。最長年齢は89歳であるが，59歳以下の者が9名存在した。中には「二三才」「二七才」の生活者がいたことがわかる。これは「札幌養老院」の「入院資格」が次のようになっていたことに起因していると考えられる。

「入院資格

一．六十歳以上の独身者にして老衰自活なす能はざる者。

二．六十歳以下の独身者にして不具，廃疾，精神耗弱の為め自活なす能はざるもの。

但し一項，二項共独身者に非らざるも，扶養者失踪，事故及び扶養の能力なく，孤独に等しき場合。

三．不時の災厄に遭遇し生活に窮したる者。」[35]

上記，「入院資格」の二項三項により，「六十歳以下」「不具，廃疾，精神耗弱の為め自活なす能はざるもの」等の規定により，入院した生活者がいたと考えられる。「全国養老事業協会」が実施した「全国養老事業調査」においても「六十歳未満級男五百三十二人女三百十二人計八百四十四人ナル」[36]と調査結果を示しているように，全国の養老院においても「六十歳未満」の生活者が存在した。なお，調査によると「昭和十一年末現在収容者ハ男二千三百五十七人，女二千三百三十人，計四千六百八十七人ニシテ男ハ女ヨリ多キコト二十七人ナリ」[37]と記されていた。また，個別の施設を調べてみると，例えば「報恩積善会」（岡山市）の年次報告書の中の「昭和十一年度救護者」には「九才」「一四才」「四五才」との記載があった[38]。

「在院者出生地調」を見ると新潟県九，岩手県九，北海道七，宮城県五，石

川県五，山形県五，秋田県五，青森県四，福島県四，富山県三（以下略）となっており[39]，東北，北陸地方の出生地が多くなっていた。また，『事業概要』には「在院者宗教調」が記載されていたが，浄土眞宗三〇，曹洞宗二一，浄土宗七，日蓮宗六，眞言宗三，キリスト教二，神道一，天理教一，不詳一であった[40]。

　先の表8-3において，収容者の増加とともに死亡者も多くなっていた。「昭和十年度」は22人の死亡があった。第二次世界大戦下の史料，年次報告書がないため，死亡率[41]がわからないが，小笠原祐次は次のように指摘する。「施設によって若干異なるが，死亡者は昭和十九年あるいは二十年が最高で，年々急速に増えており，その死亡率も大阪養老院と浴風園では確実に増大し，昭和十九年には五〇パーセント台を越え，六〇パーセント台にまで近づいたのである。昭和十九年，二十年にはなんと入所老人のうち二人に一人は死を迎えたというのである。」[42]。「札幌養老院」の死亡者は「昭和八年度」21人，「昭和九年度」15人，「昭和十年度」22人へと増加していった。昭和8年といえば十五年戦争に既に突入した時代であり，物資の不足等，同時に衛生面でも懸念される時代であった。その為，例えば「別府養老院」では「公衆衛生ノ為ニ御願」として1934（昭和9）年7月23日に「消毒所」を竣工している[43]。「別府養老院」の年次報告書には次の文章が掲載された。「本院ハ創立十周年事業トシテ社会事業ノ立場カラ主トシテ本院ニ対スル寄贈品ノ消毒ヲ行ヒ更ニ公衆衛生ノ為，多大ノ犠牲ヲ払ツテ前記ノ通リ消毒所ヲ新設致シマシタ（以下略）」[44]。こうした養老院における衛生面への配慮は「札幌養老院」においてもなされ，年次報告書には「衛生及び医療」の項目がおかれ，次の内容が掲載された。

　「衛生及び医療

　衛生上絶好の環境にありと雖も，集団生活なるを以て常に換気，採光，保温，掃除其他衛生的施設一般は充分留意するは勿論，身体的方面に関しても，院内に浴室を設備し，夏期三日目，冬期四日目入浴をなさしめ身体の清潔を図る。其他理髪，衣類寝具の新調，洗濯，補綴，並に身体方面一般に関しては専

任の保母一名を配し世話をなさしむ。

　罹病者発生したる時は，嘱託医の診察を受けしめ適当の処置を講ず。院内には医務室，病室（寝台八脚設付）の設備あり。薬剤及び医療器具器械及び，看護専任の保母一名を配置し，急救及び療養に備ふ。」[45]

　上記の文章に「医務室」「病室」の設備とあるが，これは施設の「静養寮」の中に設置されていた。つまり，衛生的側面，医療的側面は充実しているようにみえるが，表8-3で示したように「昭和十年度」には22人の死亡者があった。先にも示したが「昭和九年度」には15人死亡，「昭和八年度」は21人が死亡している。別の視点からいえば，上記「医務室」「病室」を完備しなければならない要因として，死亡に至る病人が発生するといった戦時下の困窮した実情があったと推測される。

◆ 第6節　浄土宗と養老院の展望 ◆

　「札幌養老院」の初代理事長は林玄松であった。林玄松は「新善光寺」の2代目住職である。2代目理事長は大竹敬助であり，「新善光寺」の檀家総代であった。3代目理事長は鈴木卓治であり，鈴木も檀家総代を務めた。4代目理事長は安富賢亮であり，「新善光寺」の3代目住職であった。また，5代目理事長は若木賢祐であり，「新善光寺」4代目住職であった。この5人が戦前期の「札幌養老院」の理事長であり，「新善光寺」との関係に深さを知ることができる。本章でも述べたように「札幌養老院」は浄土宗「新善光寺」の附帯事業として創立し，檀信徒の組織化によって展開していった。また，初代主事の亀ヶ森留吉を始めとして，施設の中で高齢者と寝食を共にした現代でいうソーシャルワーカーに該当する従事者の存在も大きかった。残念なことに史資料が火災等によって焼失し，充分な分析はできなかったが，大正，昭和初期の事業実践は整理できたと考えている。広報誌『養老』は九州の「佐世保養老院」にも寄贈され，「佐世保養老院」の年次報告書にその記録が残っている[46]。「佐世保養老院」の初代施設長は同じく浄土宗僧侶川添諦信であった。こうした浄土

宗と養老院との関連性は「東京養老院」も含め今後の研究課題となった。今後，史資料の調査，発掘を強化し，浄土宗の養老事業の研究が必要となってくると考える。

〈注〉
1)『昭和七年七月　第二回全国養老事業大会報告書』全国養老事業協会，p. 37
2)『昭和六年十月　事業概要』財団法人札幌養老院，昭和六年十月五日，p. 3
3)『大正十四年六月起　記録簿　札幌養老院』
4) 同上書，
5)『北海タイムス』大正十四年十月二十五日，朝刊
6) 前掲，『昭和六年十月　事業概要』p. 3
7) 前掲，『大正十四年六月起　記録簿　札幌養老院』
8)『「共生」の理念とともに―札幌慈啓会80年史―』社会福祉法人さっぽろ慈啓会，2006年，p. 44
9)『昭和十一年版　札幌市社会事業一覧』札幌市役所社会課，昭和十一年四月十日，pp. 28-29
10)『昭和十年九月　事業概要』財団法人札幌養老院，昭和十年九月十日，p. 3
11) 前掲，『「共生」の理念とともに―札幌慈啓会80年史―』p. 25
12) 仏教大学仏教社会事業研究所『社会福祉事業のすすめ』浄土宗宗務庁，1981年，p. 127
13) 前掲，『「共生」の理念とともに―札幌慈啓会80年史―』p. 45
14) 前掲，『昭和六年十月　事業概要』p. 17
15) 同上書，p. 17
16)『昭和十一年九月　事業概要』財団法人札幌養老院，昭和十一年九月十五日，p. 4
17)「全国養老事業概観（昭和十三年六月三十日現在）」『昭和十三年十月　全国養老事業調査（第二回）』全国養老事業協会，昭和十三年十二月二十五日，p. 48
18)『佐世保養老院々報　昭和八年九月発行』佐世保養老院，昭和八年九月二十日，p. 19
19)『事業要覧　函館慈恵院』社団法人函館慈恵院，昭和十五年九月二十二日，p. 6
20) 前掲，『昭和六年十月　事業概要』pp. 15-16
21) 前掲，『昭和十年九月　事業概要』pp. 22-23
22) 小笠原祐次「公的救済の開始と施設の増設」『老人福祉施設協議会五十年史』全国社会福祉協議会老人福祉施設協議会，1984年，p. 86
23) 同上書，p. 85
24)『養老』第二十号，財団法人札幌養老院，昭和十一年十月三十日，p. 3

25）前掲，『昭和十一年九月　事業概要』pp. 26-28
26）同上書，p. 26
27）前掲，『昭和六年十月　事業概要』p. 21
28）前掲，『昭和十一年九月　事業概要』p. 4
29）同上書，p. 4
30）『養老の道をたずねて半世紀―札幌慈啓会五十年史』社会福祉法人札幌慈啓会，1981年，p. 284
31）前掲，『「共生」の理念とともに―札幌慈啓会80年史―』p. 48
32）同上書，p. 46
33）亀森富吉「養老事業に就て」『北海道社会事業』北海道社会事業協会，昭和八年九月一日，pp. 24-25
34）前掲，『昭和十一年九月　事業概要』pp. 15-16
35）同上書，p. 15
36）『昭和十三年十月　全国養老事業調査（第二回）』全国養老事業協会，昭和十三年十二月二十五日，p. 11
37）同上書，p. 11
38）『財団法人　報恩積善会養老年報　昭和十一年度』昭和十二年一月
39）前掲，『昭和十一年九月　事業概要』pp. 21-22
40）同上書，p. 22
41）死亡率 $= \dfrac{死亡者}{前年末在籍者数＋新入園者}$
42）小笠原祐次「戦火の拡大と養老事業の衰退」前掲，『老人福祉施設協議会五十年史』pp. 107-108
43）『昭和九年度　別府養老院年報』別府養老院，昭和十年五月末日，p. 31
44）同上書，p. 34
45）前掲，『昭和十一年九月　事業概要』p. 13
46）『救護施設　佐世保養老院々報　昭和十四年八月発行』佐世保養老院，昭和十四年八月十日，p. 18，同じく，昭和15年度，昭和16年度の『院報』の「雑誌寄贈」の欄に「養老　札幌養老院様」と記載されていた。

第9章

戦前期の託児所「海光園」に関する研究
―「佐世保養老院」との関連を基盤に―

◆ 第1節　個別施設史の実情分析 ◆

　1928（昭和3）年4月20日，浄土宗侶，川添諦信（1900－1984）は託児所「海光園」を開設した。川添諦信（以下，川添）は1900（明治33）年，熊本県天草に生まれ，佐世保市谷郷町の浄土宗「九品寺」の小田信巖に弟子入し，僧侶としての資質を培った人物である。1921（大正10）年，上京し「東京養老院」に奉仕従事し[1]，養老事業の運営方法等を修得した。川添は，その後佐世保に帰り，1924（大正13）年4月12日，佐世保市本島町の「善光寺」境内に「佐世保養老院」を開設した[2]。

　なお，「佐世保養老院」に関する論述（先行研究）は，浄土宗宗務所発刊の『社会福祉事業のすすめ』（1981年），全国社会福祉協議会老人福祉施設協議会編『老人福祉施設協議会五十年史』（1984年），長谷川匡俊編著『近代浄土宗の社会事業―人とその実践―』相川書房（1996年）等がある。また，井村圭壯がまとめたものはあるが[3]，「佐世保養老院」の敷地内に開設された託児所「海光園」[4] に関する研究は行われていない。筆者がここで「海光園」を取り上げる理由は以下の点にある。「佐世保養老院」の養老事業実践と同様に「海光園」においても，戦前期における固有の私設社会事業施設の地域化，社会化の事象が明らかにできる点にある。戦前期，厚生事業における私設社会事業が佐世保という独自の土壌の中でいかに実践し，同時にその施設の地域特性との関連で，施設の社会化や公共化につながる事柄について明確化する点である。また，佐

世保という軍港特有の土壌の中での実践が，国家としての臨戦態勢下における枠組みの中で，施設の運営（財源）を基盤として，厚生事業期の民間施設の実践，実態を整理することができる点にある。研究方法は，現在の施設に保存されている第一次史料，年次報告書，広報化史料を活用して，同時に聞き取り調査によって，内在的に分析を行う。ここでいう内在的分析とは，個別施設史として，施設の内側からメスを入れ，政策主体（国策）との迎合，葛藤等の中で実践者がいかなる実践を展開したか，実践者の苦悩も踏まえ，内実としての実状を分析することである。

◆ 第2節　職　員 ◆

　1924（大正13）年4月12日，佐世保市本島町「善光寺」境内に創設された「佐世保養老院」は，1926（大正15）年4月15日に『大正十四年度　院報　佐世保養老院』を発刊した。その後，この『院報』は年次報告書として各年度の歳入出決算書や事業賛同者，団体，賛助会員，寄付者名等を詳細に掲載し，毎年発行された[5]。昭和9年度の年次報告書である『救護施設　佐世保養老院々報　昭和十年九月発行』には「職員」として「外務員，扶養主任，扶養係」が掲載された。
「役員氏名
　○　職員　　名誉院長　　小田　信厳　　　主　事　　川添　諦信
　　　　　　　外務員　　　山口　卯一郎　　扶養主任　川添　芳子
　　　　　　　扶養係　　　北島　ミヘ　　　」[6]
　この「扶養主任」「扶養係」は，現代の介護職員に該当するが，上記「扶養主任　川添芳子」は「主事　川添諦信」の妻であった。また，「扶養係　北島ミヘ」は川添芳子の実姉である。このように「佐世保養老院」は，川添の師である小田信厳を名誉院長に，川添が実質的な施設長として働き，妻，またその姉が介護担当職員として従事した。1928（昭和3）年4月20日に創設された託児所「海光園」の年次報告書である『海光園事業報告書　昭和九年九月発行』

では，昭和8年度から「職員」名の欄が記載されたので以下に記す（表9-1参照）。

「園長　小田信巌，主事　川添諦信，嘱託医師　河原清馬，主任保母　北島美枝，保母　川添芳子，保母　成富千鶴子，保母　森ヨシ子，保母　牟田口ヨシ子」[7]

このことから理解できるように，養老院と同様，託児所においても「主事」は川添であり，従事者として「主任保母」北島美枝（以降の年度から名前「ミヘ」），「保母」川添芳子と姉妹の関係にあった。このことから「佐世保養老院」と託児所「海光園」は，運営上同一の従事者を基盤に社会事業実践を展開していったことがわかる。また，表9-1に示すとおり，1938（昭和13）年度から「海光園」の保母の人数が1名増え，以下のようになった。

「主任保母　北島ミヘ，保母　川添芳子，保母　成富千鶴子，保母　山下フミ子，保母　北島安子，保母　牟田口ヨシ子」[8]

上記の内の北島安子は，「海光園」が開園した当初からの「主任保母」であ

表9-1　職　員

	園長	主事	嘱託医師	主任保母	保母	保母	
昭和8年度	小田信巌	川添諦信	河原清馬	北島美枝	川添芳子	成富千鶴子　森ヨシ子	牟田口ヨシ子
昭和9年度	小田信巌	川添諦信	河原清馬	北島ミヘ	川添芳子	成富千鶴子　森ヨシ子	牟田口ヨシ子
昭和10年度	小田信巌	川添諦信	河原清馬	北島ミヘ	川添芳子	成富千鶴子　森ヨシ子	牟田口ヨシ子
昭和11年度	小田信巌	川添諦信	田中清二	北島ミヘ	川添芳子	成富千鶴子　森ヨシ子	牟田口ヨシ子
昭和12年度	小田信巌（名誉園長）	川添諦信	田中清二	北島ミヘ	川添芳子	成富千鶴子　松尾千鶴子	牟田口ヨシ子
昭和13年度	小田信巌（名誉園長）	川添諦信	田中清二	北島ミヘ	川添芳子	成富千鶴子　山下フミ子	北島安子　牟田口ヨシ子
昭和14年度	小田信巌（名誉園長）	川添諦信	田中清二	北島ミヘ	川添芳子	田中ツタエ　山田美富里	野村良枝　北島安子
昭和15年度	小田信巌（名誉園長）	川添諦信	田中清二	北島ミヘ	川添芳子	外山カヨ　岡充子	中島シヅ子　北島安子

出所：各年次報告書より作成

第2節　職　員　　*131*

る北島ミへの養子であり，少人数の職員であることからも身内で体制を整えたことが理解できる。

　先にも述べたが，川添は「東京養老院」で養老事業を学び，大正末期（大正13年）に「佐世保養老院」を創設した。その後，昭和初期（昭和3年）に開設した「海光園」はこの養老院事業（社会事業）の延長上にあり，「佐世保養老院」の年次報告書の中（終わりの部分）に「海光園―いとし児欄―」として歳入出決算書や「海光園規則」「海光園日誌」等が4～5頁のスペースでとられていた。昭和8年度の年次報告書からは『海光園事業報告書』が作成され，6頁のスペースがとられた。なお，『海光園事業報告書』は『救護施設　佐世保養老院々報』の中に組み入れられた「事業報告書」であり，養老事業実践とともに託児所の事業は進展していった経緯があった。つまり，そこには川添の僧侶としての実践上の精神性が存在しており，少々長くなるが，実践者として，同時に僧侶としての川添の思いを垣間見られる文章があるので紹介する。

「日本のお地蔵さまは幼稚園の先生

　賽の河原のお地蔵さまはお情深い先生である。三ツ四ツ五ツ，幼な子が河原砂地に集つて字書き，石積みに余念のない一日。日は照る，そよ風は吹く，青い空，白い砂地，何と楽しい遊び場所ではある。子供の日の一日工夫する。遊ぶ。共々に働く。それは成長への習達である。智慧の修練である。

　併し乍ら何処にも試練はある。仕事の一段落に当つては検分が必要である。鍛錬の刺激が必要である。一日の作業が終る頃を日の入合ひとする。その時に地獄の鬼が現はれて持ちたる金棒を以つて検分する。子供には恐しい試験官である。閻魔帳へ報告する者である。されば子供には決して優しい顔はしない。鬼の金棒は正しく子供の意志を打ちのめしてもつと強くなれ，偉くなれと精励されるのである。

　でも子供は弱い。恐れて逃げ隠くれる。逃げては何にもならぬ。そこには優しいお地蔵さまが居て子供をかばうて下さる。恐ろしくないぞ，お前の力が足りないのだ，もつと勉強せよ。立派に出来れば鬼さんも賞めて呉れるに違ひな

い。今日は疲れたね。さあ私の衣の中に入つて眠るがよい。眠つて居る間に私がだんゞと肥つて，偉くなるやうにしてあげやう。さあ早くお眠み。子供は嬉しい。お地蔵さまおやすみ。お地蔵さまお休み。お地蔵さまさようならと云つて休養する。

地蔵さまとは地の蔵と書いてある。倉庫，蔵の中には無尽の寶が貯へてある。掘つても全尽きぬ寶が出て来る。金銀珊瑚綾錦と云ふところであるが，実は頭がよくなり，体が丈夫になる。優良健康児はこのお地蔵さまの申し子である。

慈悲の心，勇気の杖，知恵の玉これがお地蔵さまの寶である。所謂知仁勇の三徳である。お地蔵さまは何百何千と数知れぬ世界中の子供を預つて，賽の河原で托児園を開いて頂く。そのお心を忘れてなるものか。今の世はこれを忘れるから弱い子が多い。昔は辻々にもこのお優しい先生の姿を刻んで道に迷はぬやうにお願したものである。

お地蔵様はほんとにありがたい先生である。」[9]

上記文章は浄土宗僧侶として，「海光園」の園児を思いやる慈悲の心（精神性）を推察することができる。川添は慈恵心，慈愛心の精神性を基盤に，託児所と養老院を一体的・一元的に実施していく思いがあったと考えられる。その一つの要因が，先に示した託児所と養老院の基盤となる従事者体制に同一性がみられたことからも推察される。なお，この同一性という側面は，別の視点から述べれば，川添の身内で働かなければ財源上施設は運営できにくいという当時の歴史的時代的背景があったと考えられる。その為，以下ではその「海光園」の財源について考察する。

◆ 第3節 「海光園」の施設財源 ◆

1. 補助金・助成金

表9-2には「昭和七年度海光園歳入出決算書」を示している。歳入の主要項目は，「賛助会費」「寄附金」「補助金」「事業収入」であった。表9-2において，特に「補助金」は細分化して示されているが，行政側からの補助と民間

第3節 「海光園」の施設財源

表9-2　昭和七年度　海光園歳入出決算書

昭和七年度　海光園歳入出決算書

歳入科目		決算額 円	歳出科目		決算額
第一款 賛助会費	一、賛助会費	一〇三、六〇	第一款 事務費	一、給料	一、一九〇、五〇
第二款 寄附金	一、寄附金	一〇三七、〇〇		二、賞与	一、〇六八、〇〇
第三款 補助金	一、長崎県補助	九五〇、〇〇		三、通信及運搬費	一一五、五〇
	二、佐世保市補助金	一五〇、〇〇		四、印刷費	七〇、〇〇
	三、方面事業期成会補助金	四〇〇、〇〇		五、新聞及雑誌費	—
	四、宗務所補助金	三〇〇、〇〇	第二款 保育費	一、間食費	二四九、二二
	五、知恩院補助金	五〇、〇〇		二、消耗費	一六三、〇三
	六、長崎教区補助金	三〇、〇〇		三、衛生費	七六、二九
第四款 事業収入	一、保育料	二〇、〇〇		四、父兄会費	七、—
第五款 雑収入	一、預金利子	六一、九八	第三款 式典費	一、式典費	一〇、—
第六款 借入金	一、借入金	四、〇九	第四款 営繕費	一、営繕費	一、八三
第七款 繰越金	一、繰越金	二〇〇、〇〇	第五款 備品費	一、備品費	五、四五
合計		二〇〇、〇〇	第六款 雑費	一、雑費	一二二、一一
		一、四三三、六五	第七款 償還金	一、償還金	二二〇、〇〇
		二、三三八、一四	第八款 繰入金	一、繰入金	一、九八〇、八八
			合計		二、三三八、一四

差引残金三百四十七円二十六銭は昭和八年度へ繰入

出所：『佐世保養老院々報　昭和八年九月発行』pp.21-22

側からの補助とに区分される。「海光園」の場合，創設時に佐世保市から「補助金」300円，表9-3に示す「経常費における補助金・寄付金」から理解できるように毎年300円の補助を受けていた。

なお，佐世保市内の私設社会事業団体として，「海光園」が創設された昭和

3年度には,「海光園」とは別に「佐世保托児所」が存在した。「佐世保托児所」は1919（大正8）年に開設された施設であり，佐世保市役所社会勧業課が発行した『佐世保市社会事業概要』には「佐世保托児所」の「沿革及事業ノ目的」として以下のように記されていた。

「当市に於ける眞宗本派に属する寺院，説教所等十二ヶ所の住職，主任並に有志信徒と相謀り社会事業として幼児を預り其父母をして安心して各自の業務に就かしむるを以て目的とし大正八年十月三十一日収容所竣工せるを以て同年十二月一日開所爾後県，市及本山等より補助を仰ぎつつ経営し今日に至れり」10)

上記，佐世保市の『概要』によると，「佐世保托児所」は「大正十年」「市補助金」二二六円「県補助金」二五〇円，「大正十一年」「市補助金」三四〇円「県補助金」二〇〇円，「大正十二年」「市補助金」三四〇円「県補助金」一〇〇円との記載があり11)，「海光園」の開設前から県及び市の補助を受けていた。表9-3において理解できるが「海光園」への「県補助金」は昭和5年度（75円）からであり，行政側の補助としては，市からの補助金を開設時から受けていたが，県からの補助は市との比較では2年遅れて受けたことになる。なお，県及び市からの補助金は，各年度によって差異はあるものの，表9-3から理解できるように，「補助金」全体の31％から66.7％を占めており，施設運営上欠くことのできない財源であった。同じく「補助金」として民間側からの補助を表9-3に示している。各年次報告書によって歳入出決算書の補助金の項目名に幾許かの差異があった。よって，統一名称としては昭和3年度の項目である「長崎教区補助金」と表9-3には示したが，昭和5年度からは「宗務所」「知恩院」等が加えられている。また，昭和7年度から「岩崎家助成金」を受けているが，この昭和7年度は「海光園」にとって「補助金」が増額すると同時に施設の体制自体が確立していく年度でもあった。表9-4に示すように，昭和7年度から「御下賜金」及び「内務省助成金」を受けている。昭和7年度の年次報告書の中にある「海光園日誌の中より」には「御下賜金」に関して記され

第3節 「海光園」の施設財源

表 9-3　経常費における補助金・寄附金

	補助金						寄附金・賛助会費				事業収入
	佐世保市補助金	方面事業助成会補助金	長崎教区補助金	長崎県補助金	岩崎家補助金	合計	月次賛助金	臨時寄附金	賛助会費	合計	
昭和3年度	300円00	300円00	30円00			630円00	29円00	571円86			
昭和4年度	300.00	300.00	30.00			630.00	13.40	356.30		369円70	646円20(閖食料)
昭和5年度	300.00	300.00	120.00 ※	75円00		795.00	121.70	67.25		188.95	768.00(閖食料)
昭和6年度	300.00	100.00	100.00 ※※	100.00		600.00	114.40	340.50		454.90	676.80(閖食料)
昭和7年度	300.00	400.00	100.00 ※※※※	150.00	500円00	1,450.00	307.00		103円60	410.60	619.80(保育料)
昭和8年度	300.00	200.00	90.00 ※※※※	150.00	400.00	1,140.00	44.00		159.20	203.20	685.20
昭和9年度	300.00	200.00	90.00 ※※※※	150.00	400.00	1,140.00	3.50		192.40	195.90	753.60
昭和10年度	300.00	200.00	90.00 ※※※※	150.00	300.00	1,040.00	84.15		124.00	208.15	642.00
昭和11年度	300.00	100.00	90.00 ※※※※	125.00	300.00	915.00	195.00		191.20	386.20	691.00
昭和12年度	300.00	100.00	90.00 ※※※※	130.00	200.00	820.00			252.40	252.40	795.60
昭和13年度	300.00	100.00	70.00 +	100.00	200.00	770.00	60.00		312.00	372.00	847.80
昭和14年度	330.00	100.00	75.00	100.00	200.00	805.00	58.00		352.60	410.60	828.60
昭和15年度	300.00	100.00	90.00 +	120.00	200.00	810.00	0.00		253.60	253.60	1,181.60

※ 項目名は宗務所長崎教区知恩院補助金　※※ 項目名は宗務所知恩院補助金
※※※ 項目名は宗務所補助金知恩院補助金長崎教区補助金　出所：各年次報告書より作成
+ 項目名は浄土宗関係補助金

表9-4 御下賜金，内務省助成金

	御下賜金	内務省助成金 （厚生省助成金）
昭和7年度	○	100円00
昭和8年度	○	100.00
昭和9年度	100円00	300.00
昭和10年度	100.00	300.00
昭和11年度	100.00	300.00
昭和12年度	100.00	300.00 （厚生省助成金）
昭和13年度	100.00	420.00 （厚生省助成金）
昭和14年度	200.00	510.00 （厚生省助成金）
昭和15年度	100.00	510.00 （厚生省助成金）

○は金額不明　出所：各年次報告書より作成

ていた。

「御内帑金御下賜，紀元の佳節に当り，斯業経営団体に対し御内帑金下賜せらる。聖恩優渥洵に恐惶感激に堪へす，只々爾今一層淬励の誠を竭し以て聖旨に副ひ奉らんことを期す。」[12]

上記，「御下賜金」は昭和7年度の年次報告書の冒頭に記載され，次に「内務省助成金」が記載された[13]。こうした国家レベルでの助成に関しては，川添の強い意向があったと推察される。1932（昭和7）年は「救護法」が施行された年であり，川添は養老院の認可に関して長崎県に申請し，昭和7年度内（1933年3月9日）に公的「救護施設」の認可を受けている[14]。なお，「救護法」が施行された前年，1931（昭和6）年9月18日には「満州事変」が起こり，国家としての臨戦態勢がとられていく時代（十五年戦争）であり，「救護法」には戦時下の抑圧と統制とを絡めた時代的内面を帯びていたとも考えられる。1932（昭和7）年1月には「上海事変」が起こり，同年3月には「満州国建国宣言」が出され，5月「五・一五事件」，翌年3月には日本は「国際連盟」を脱退する

時代であった。こうした国家体制の趨勢の中で必然的に施設経営者の迎合思想もみられたが、川添にとって公的「救護施設」あるいは「御下賜金」「内務省助成金」は歓喜に耐えない恩恵であった。つまり、当初（大正3年）、一僧侶として佐世保市に養老院をたちあげ、いかに地域住民からの理解を得られるかその苦心が存在したからである。一例として川添は1927（昭和2）年2月に『佐世保養老院と其内容』という小冊子を作成し、市民に配り養老事業の理解を求めている。また川添は、次のようにも述べている。

「大正十三年四月、佐世保本島町善光寺の一隅に小さいバラック建の養老院をたてたとき、町の人々がどうしてこれを顧みてくれよう。若い書生の物好きにしか過ぎないものであり、一時で中止するもの位にしか思われなかったであろう。」[15]

つまり、養老院設立当初の苦心、苦労である川添の思い（精神）が、地域に認められる施設（施設の地域化）、同時に公的施設（施設の公共化）の視点として地域・社会資源と有機的に機能あるいは連動し、その結果として昭和7年度の「御下賜金」「内務省助成金」へと繋がっていったのであった。

2. 賛助会員

昭和7年度からは表9-3の如く、「海光園」の経常費の歳入に「賛助会費」の項目が設けられた。「賛助会費」は金額の上では最初は高額ではなかったが、表9-3に示すように昭和7年度以降、経常費の歳入の「第一款」に記載され、徐々にではあるがその額も高くなっていった。この傾向は歳入における「月次賛助金」「臨時寄附金」を昭和7年度から統一して「寄附金」として記載した点、またその額が少額になったり、記載されない年度（例えば昭和12年度）がでてきた点にひとつの要因があると考えられる。「寄附金」の表記項目名が昭和7年度から異なる点を考慮しても、「賛助会費」は定着化していったと考えられる。民間団体の補助金とは別に、こうした地域住民の「賛助会費」は、託児所を地域の社会資源として根付かせる意味において重要であり、施設の地域

化あるいは支援団体である地域住民を絡めた施設自体の組織化に有効的であったといえよう。

このことは1924（大正13）年，市内本島町善光寺内に置かれた「佐世保仏教婦人救護会」から理解できよう[16]。当初会員は「二百余名」であった[17]。この会が「佐世保養老院」の支援組織となり，養老事業が定着化していったように，託児所「海光園」の「賛助会費」は託児事業を進めていく観点で地域を包含した組織体制を形成する意味において大切な財源であり，昭和7年度の年次報告書からは歳入の冒頭に「第一款　賛助会費」が位置づけられた。

3. 保育料・保育費

「補助金」「寄附金」「賛助会費」とは別に，「海光園」の経常経費の歳入には，表9-2からもわかるように「第四款　事業収入」があった。「事業収入」は当初「間食料」という項目内容であったが，昭和7年度から「保育料」と名称を変えている。なお，「海光園」の有給保母は昭和3年度3名[18]，昭和4年度4名[19]，昭和6年度から5名になった[20]。また，入所定員は昭和3年度から昭和6年度まで「百名以内」と「海光園規則」に定められていたが[21]，昭和7年度から「百五十名以内」[22]に増加された。また，昭和13年度からは「二百名以内」[23]になっている。こうした有給保母の増加や入所定員の増加は，託児所自体の事業拡大と同時に，明確に「保育料」の必要性を保護者に提示する意図があり，そのため「間食料」から「保育料」へと名称を変えたと考えられる。また，表9-5に示す「各年度の歳出」においては，開設時の昭和3年度から「保育費」が位置づけられ，その内訳は「間食料」「衛生費」「父兄会費」「式典費」[24]であった。歳出において昭和7年度からは「保育費」と「式典費」が区分されるが，「保育費」に視点をあてると，入所定員の増加を図る年度あたりからその金額も上昇している。また，表9-5における歳出の「事務費」が，昭和8年度から1,200円台，昭和11年度から1,300円台，昭和14年度1,400円台，昭和15年度1,500円台へと上昇するのも，少人数の従事者である

第3節 「海光園」の施設財源

表9-5 各年度の歳出

	事務費	保育費	式典費	営繕費(修繕費)	備品費	雑費	償還費	繰入金	税金	土地買収費	合計
昭和3年度	1,266円98	210円58		69円14			2,400円00	50円00			3,996円70
昭和4年度	1,142.40	96.92		3.88			200.00	50.00			1,493.20
昭和5年度	1,466.90	212.51		18.12				200.00			1,897.53
昭和6年度	1,179.90	212.51		48.99			100.00	100.00			1,641.40
昭和7年度	1,190.50	249.22	10円00	1.83	5円45	12円98	200.00	200.00			1,980.88
昭和8年度	1,227.90	319.11	20.70	19.45	169.78	51.04		271.92			2,079.90
昭和9年度	1,293.78	270.40	17.50	17.62	36.16	71.20		316.51			2,023.17
昭和10年度	1,265.51	267.98	35.00	113.04	74.91	95.82					1,852.26
昭和11年度	1,301.89	288.13	12.00	5.48		28.00					1,635.50
昭和12年度	1,315.97	382.58	17.20	33.57		143.00					1,892.32
昭和13年度	1,354.10	386.69	13.70	63.22		178.08					1,995.79
昭和14年度	1,487.90	362.94	30.00	17.42		222.00	400.00				2,520.26
昭和15年度	1,634.29	347.74	30.00	79.32		86.00	84.60		40円00	3,465円00	5,766.95

出所:各年次報告書より作成

が，有給の職員（保母）が増加したことと関連していると考えられる。表9-5に示すように歳出における「式典費」「営繕費」「雑費」「備品費」も全体的に金額が上昇しており，これらも上記に指摘した入所定員の増加と関連していると考えられる。

◆ 第4節　海軍との関係 ◆

1. 慰問事業と寄付行為

「海光園規則」で定めた入所定員が「百名以内」から「百五十名以内」に変わった昭和7年度の年次報告書には，以下の文章が載せられた。

「五月八日　上海事変戦傷勇士慰問　海軍病院大講堂に於て三百名近い白衣の痛々しい兵隊さん達の前で，いたいけな園児の童謡踊や遊戯さては諧謔的に仕組まれた子供劇が予想を裏切る巧さで，演ぜられてゆく無邪気に踊る園児達の努力と，病院生活の無聊から救はれた兵隊さん達の歓喜の程が，涙をそゝられた。」[25]

上記の文章は，1932（昭和7）年1月28日，海軍陸戦隊が上海で中国第19路軍と交戦を開始した，いわゆる「第一次上海事変」で戦傷した兵士への「海光園」園児の慰問を示すものである。同様に翌年の年次報告書には次のような文章が載せられた。

「十月一日　海軍病院慰問　佐世保海軍病院大講堂に追て三百名近い白衣の痛々しい兵隊さん達の前で，いたいけな園児の童謡舞踊や，郡島定戒先生の童話には，すつかり病気を忘れたかのやうに嬉嬉として悦ばれた。」[26]

こうした「海光園」の「海軍病院」への慰問行為は，佐世保という軍港特有の土壌の中で培われたものであった。川添は1932（昭和7）年11月に発行した年次報告書に「上海事変戦傷勇士慰問」[27]という項目名称で4枚の写真を載せ，「海軍病院」への慰問を強調した報告書を作成している。こうした川添の行為は「海光園」と同時に，養老院においてもみられ，一例を示せば以下のような記事が年次報告書に載せられた。

第4節　海軍との関係

「　心をこめた水兵さんの芳志

　　謹啓院長様の御活動を御悦び申上候扨小生は目下帝国軍人の一人に加へられ軍艦名取に勤務の光栄に浴し居候院長様よりは四，五年前我が母校大野校に於て佛国セーヌ河のお話を拝聴してより心に印象して難忘その御礼として平素より節約したる金五円乍勝手御寄贈申上候幸ひ御笑納が叶へば仕合せに存じ候　　　軍艦名取　　山崎　繁　」28)

「海軍戦傷兵より同情金

　　身は上海事変に出動して名誉の負傷を負ひ，佐世保海軍病院に傷を養ひながらも，本院事業に賛意を表し，戦傷兵六十一名外病院一同より各自醵金して左記の通り寄贈金を拝受せり。　　　金　四十九円八十七銭　海軍病院

　　右代表　　伏島忠雄少将閣下　」29)

上記の内容から理解できるように，海軍から養老院への寄付がみられる。これは1927（昭和2）年度の年次報告書から記載された。なお，海軍からのこうした寄付行為は，兵士自身の精神的な安穏，あるいは安心立命へと繋がっており，例えば，年次報告書の「亡き母上の命日に水兵さんの芳志」と題した以下の文章がこの点を物語っている。

「院長様暑も次第に増して参りました皆様には御障りは御座いませんか御尋ね致します扨茲に同封の金子一円誠に僅少で御手数を掛けるばかりでなく御恥かしい事では御座いますが又何かの端に御加へ下さいませ。私しは本日八日は何となく淋しい又悲しい日なので御座います丁度一ヶ年の今日を追想致しますと？地下にまします母上も定めし御満足遊ばさるゝ事だらうと思ひますそれを思へば私は淋しいながらも亦暖さ春に甦つた様な気が致します。どうか院長様斯様な訳で御座いますれば何卒宜敷御依頼申上ます。尚終りに臨み益々暑気に向う事で御座いますから皆様の一層御達者で御暮し遊す様御祈り致します。　草々　昭和四年六月八日　海兵団某」30)

こうした兵士の精神的拠り所となる側面をもつ養老院，あるいは託児所は，川添の僧侶としての存在が大きかったと考えられる。いわば，兵士の施設への

寄付行為は，単なる皮相的意向からのものではなく，兵士の精神性を意味する真髄としての意志が存在したと考えられる。また，私設社会事業施設と海軍との関係は，佐世保という地域社会（軍港特有の土壌）の中で，多面的な地域・社会資源の有機的繋がりの過程から形成されてきたことは否定できない事象であろう。なお，陰翳的な視点から述べれば，民間施設と海軍との関係は，厚生事業期がもたらした地域社会における民間事業と国家としての自国拡大事業の交流・関連性から構造的に形成されており，両者の繋がりは，とかく戦時下特有の美談として年次報告書に記載される傾向があったことも踏まえておかなければならない。

2．園児と保護者

「海光園」の入所定員は，先に示したように「海光園規則」により昭和7年度から「百五十名以内」[31]に増加された。また，昭和13年度からは「二百名以内」[32]と規定した。表9-6には「入園式入園児数」及び「修了式修了児数」

表9-6　入園式入園児数・修了式修了児数

	入園児数	修了式	修了児数
昭和3年度		第1回（S.4.3.28）	26名
昭和4年度		第2回（S.5.3.26）	46名
昭和5年度	66名	第3回（S.6.3.20）	50名
昭和6年度	53名	第4回（S.7.3.26）	52名
昭和7年度	54名	第5回（S.8.3.20）	48名
昭和8年度	51名	第6回（S.9.3.24）	44名
昭和9年度	58名	第7回（S.10.3.23）	59名
昭和10年度	49名	第8回（S.11.3.26）	52名
昭和11年度	77名	第9回（S.12.3.24）	54名
昭和12年度	119名	第10回（S.13.3.23）	64名
昭和13年度	101名	第11回（S.14.3.25）	80名
昭和14年度	116名	第12回（S.15.3.26）	92名
昭和15年度	130名	第13回（S.16.3.22）	87名

出所：各年次報告書より作成

第 4 節　海軍との関係　　143

を示しているが,「入園式入園児数」は昭和 12 年度あたりから増加している。また,「修了式修了児数」も昭和 13 年度あたりから増加しており, 自ずと入所定員を増加させる必要性があった。また, 年次報告書には「年度事業成績」という項目名称で,「月別」の「実人員」が記載されているので,「四月」の「実人員」(園児数) を示してみると, 昭和 7 年度 148 名[33], 昭和 8 年度 165 名[34], 昭和 9 年度 169 名[35], 昭和 10 年度 172 名[36], 昭和 11 年度 164 名[37], 昭和 12 年度 211 名[38], 昭和 13 年度 216 名[39], 昭和 14 年度 226 名[40], 昭和 15 年度 221 名[41] となった。この数値をみると, 昭和 7 年度及び昭和 13 年度の定員増が必要であったことを如実に表しており, 昭和 12 年 4 月以降は, 入所定員「二百名以内」を超える園児数であった。

　このように「海光園」に入所する児童は着実に増加してきた。なお, 上記の現象は「海光園」を利用する保護者が増えたことをも意味している。1932 (昭和 7) 年 1 月 28 日の「上海事変」を契機に, 佐世保の戦時色が次第に濃くなり, 海軍工廠の職員は日増しに増加した[42]。1935 (昭和 10) 年末には 12,040 名, 1939 (昭和 14) 年末には 23,686 名に増加した[43]。こうした佐世保市の社会状況の下,「海光園」に児童を預ける保護者の職業の特徴が年次報告書から理解できるので示すことにする。年次報告書には「昭和六年十二月調」[44] から「海光園々児父兄職業並収入別員数一覧表」が掲載された。これによると「海軍々人」26,「海軍職工」52,「荷馬車業」3,「花売行商」5,「呉服行商」5,「下駄商」2,「会社員」3,「畳製造業」2,「青物果物商」3,「農業」3,「雑貨商」1,「染物屋」1, 等々となっていた。あきらかに海軍関係者が多く, 各年の「海光園々児父兄職業並収入別員数一覧表」の職業の冒頭は「海軍々人」であり, 次に「海軍職工」(年によって名称異なる) がおかれていた。表 9-7 には「海光園」保護者の「海軍関係」及び全体の人数を示しているが, 比率上では 48.8％の年から 83.0％の年まで海軍関係者で締めていることになる。

　こうした保護者に海軍関係者が多いという傾向は, 佐世保という軍港の地域性がもたらしたものと考えられる。同時に, 川添が養老院を創設した当初から

第 9 章　戦前期の託児所「海光園」に関する研究

表 9－7　海光園保護者（海軍関係）

昭和 6 年 12 月調	海軍々人	26 名	海軍職工	41	全体 135
昭和 8 年 3 月調	海軍々人	37	海軍工廠	65	全体 182
昭和 9 年 4 月調	海軍々人	27	海軍職工	56	全体 170
昭和 10 年 5 月現在	海軍々人	61	海軍職工	83	全体 187
昭和 11 年 6 月現在	海軍々人	84	海軍職工	47	全体 208
昭和 12 年 4 月現在	海軍々人	72	海軍工員	59	全体 200
昭和 13 年 4 月現在	海軍々人	71	海軍工員	85	全体 230
昭和 14 年 4 月現在	海軍々人	61	海軍工員	76	全体 222
昭和 15 年 4 月現在	海軍々人	55	海軍工廠工員	111	全体 200
昭和 16 年 4 月現在	海軍々人	26	海軍職工	52	全体 130

出所：各年次報告書より作成

表 9－8　佐世保海軍工廠御寄贈

佐世保海軍工廠御寄贈			
昭和十六年一月十日拝受	係別	慈善袋数	金額 円
	総務部	四一六	二五
	造兵部	二,〇八一	一三一
	航空機部	三,〇五八	一五七
	造船部	二,一二四	四二八
	造機部	一,六四三	九〇四
	会計部	三四	四五
	医務部	七二	五八八
	工員養成所		
	計	一〇,一二〇	
昭和十六年三月十八日拝受	係別	慈善袋数	金額 円
	造兵部	二八一	一七二
	造船部	四五四	二九八
	計		

出所：『救護施設　佐世保養老院々報　昭和十六年八月発行』p. 10

「慈善袋」を作り，市民からの寄付を得やすいような工夫を凝らしていたが，表9-8に示すように，1941（昭和16）年には「佐世保海軍工廠」から１万を超える「慈善袋」が施設に寄付されている。こうした海軍工廠の中には「海光園」に子どもを預ける職員も多く，軍港，養老院，託児所は多様な側面から繋がりを形成し，「海光園」の保護者に軍港関係が多くなっていったと考えられる。

◆ 第5節　海光園運営基盤の土壌 ◆

　本章から理解できるように，川添は浄土宗僧侶として，慈悲，慈愛の精神性を基盤に，託児所と養老院を一体的に運営していった。1924（大正13）年4月，養老事業から開始した川添の実践は，1928（昭和3）年4月，託児事業へと繋がっていった。川添が「海光園」を創設した意図は定かではなく，今後の課題となったが，同じく浄土宗僧侶であり，川添と親交が深かった新森貫瑞（1905－1963）の影響があったと考えられる。新森は福岡市の「多福庵」境内に，1929（昭和4）年5月，託児所「那爛陀園」を創設した。翌年12月には施設の名称を「ナーランダ学園託児所」に変えている。

　「佐世保養老院」の年次報告書には，新森が設立した「ナーランダ学園」の「園報」が寄贈誌として昭和8年度から記載されている[45]。戦前，川添は福岡市の新森宅に宿泊していたこともあり[46]，託児所の経営について互いに語り明かしたことであろう。

　なお，「海光園」が運営できたのも，本章でのべた補助金，助成金，寄附金，賛助会費，事業収入，保育料等の財源の存在は大きかった。同時に，川添の師である小田信巌[47]，川添の妻である芳子，その実姉北島ミへの存在も大きかった。上記の人物は養老院と託児所を兼務して働き，川添を支えた。同時に，支援組織「佐世保佛教婦人救護会」の存在も抜きにはできない。以上，佐世保という軍港の土壌の中で，本章で挙げた人物，組織，地域，社会資源等が有機的に機能していく過程の中で「海光園」は運営されていったのであった。

〈注〉
1) 佛教大学佛教社会事業研究所編『社会福祉事業のすすめ』浄土宗宗務庁，1981年，pp. 122-123
2) 浄土宗関係で明治，大正期に設立された養老院は，以下の施設であった。
　「東京養老院」（明治三十六年九月，東京市龍野川区中里町一六〇）
　「札幌養老院」（大正十四年一〇月，北海道札幌市外丸山町）

「佐世保養老院」（大正十三年四月，佐世保市稲荷町一三〇）
（『浄土宗社会事業一覧　昭和十四年十一月』浄土宗務所社会課，1939 年，p. 6）
3）井村圭壯「老人福祉発達史の一断面―佐世保養老院の成立と展開を中心に―」『岡山県立大学短期大学部研究紀要』第 2 巻，1995 年
　　井村圭壯「『救護法』期の養老事業施設の財源に関する研究」『日本の地域福祉』第 17 巻，日本地域福祉学会，2004 年
　　井村圭壯「戦前期養老院の生活者に関する研究」『福祉研究』№ 94，日本福祉大学社会福祉学会，2006 年
4）ここで「海光園」の概要を示す。
「　海光園概要
　1 名　　称　　海光園
　2 代表者　　川添諦信
　3 所在地　　佐世保市日字福石免六二五
　4 目　　的　　本園ハ父母共ニ労務ニ従事スル家庭ノ幼児ヲ預リテ労働能率ヲ増進セシメ以テ家庭教育ノ裨補タラシムル事ヲ目的トス
　5 創　　立　　昭和三年四月二十日
　6 組　　織　　個人経営
　7 役員及職員ノ種別人員
　　イ役　　員　　顧問二名
　　ロ職　　員　　名誉園長，主任医師，主事各一名宛（無給）　保母三名（有給）
　8 事業経営ノ状況
　　イ年　　齢　　満二歳ヨリ学齢ニ達スル迄ノ男女トス
　　ロ保育時間　午前七時ヨリ午後五時マデト規定セルモ労働ノ帰途ニ伴ヒ帰ル迄ハ受託シ居レリ
　　ハ保育科目　野外運動，自然観察，唱歌，童話，手技
　　ニ診　　断　　毎月一日嘱託医ノ診断ヲ乞ヒツ，アルガ健康状態甚ダ佳良
　　ホ入　　浴　　入浴　八人入浴槽ニシテ夏季ハ毎日冬季ハ隔日ニ入浴セシム
　　ヘ親ノ会　　毎月一回（第二日曜）親ノ会ヲ開キ子供ノ健康上並ニ躾等ニ就キテ相談シ常ニ本園ト家庭トノ連絡ヲ図ルモノトス
　　ト経　　費　　経費　本園ノ経費ハ公私団体ノ補助金篤志家ノ寄附金ヲ以テ之ニ充ツ
　9 園児取扱数
　　イ　昭和三年中ノ入園実人員　　　　　一四三名
　　ロ　仝延人員　　　　　　　　　　四一，一六八名
　　ハ　仝四年四月一日現在園児　　　　　一〇五名　　」
（「海光園―いとし児欄」『昭和三年度佐世保養老院院報』1929 年，p. 27）
5）なお，現存する年次報告書は昭和 16 年 8 月 15 日発行の『救護施設　佐世保養

第 5 節　海光園運営基盤の土壌

老院々報』までである。
6）『救護施設　佐世保養老院々報　昭和十年九月発行』1935 年, p. 6
7）『海光園事業報告書　昭和九年九月発行』1934 年, p. 5
8）『海光園事業報告書　昭和十四年八月発行』1939 年, p. 3
9）「日本のお地蔵さまは幼稚園の先生」『海光園事業報告書　昭和十四年八月発行』1939 年, p. 2
10）『大正十三年三月　佐世保市社会事業概要』佐世保市役所社会勧業課, 1924 年, p. 24
11）同上書, p. 25
12）「海光園日誌の中より（一九三二年）」『佐世保養老院々報　昭和八年九月発行』1933 年, p. 24
13）同上書, p. 20
14）「本院日誌抜粋」同上書, p. 19
15）川添諦信「清風園との出会い五十年」『長崎県老人福祉』第 7 号, 長崎県社会福祉協議会老人福祉部会, 1976 年, p. 34
16）「佐世保佛教婦人救護会々則」は以下であった。
「佐世保佛教婦人救護会々則
　第一条　本会を佐世保佛教婦人救護会と称し事務所を市内本島町善光寺内に置く
　第二条　本会は佛陀の教義に基き婦徳を涵養し併せて養老事業を経営し其他救済事業を成すを目的とす
　第三条　本会は宗旨を問はず道俗に関せず総て本会の主旨を翼賛し規定の会費を納むる者を以て会員とす
　第四条　本会々員を左の三種に分つ
　　　1　名誉会員　本会の功労者又は徳望ある婦人を推薦す
　　　2　特別会員　本会の主旨を賛し会資を補助したる者
　　　3　普通会員　本会の会費を納附したる者
　第五条　本会に左の役員を置く　会長一名副会長一名主事一名幹事若干名とす
　第六条　本会は臨時に講演会を催し春秋二期に大会を開く
　第七条　会員は会費として毎月金十銭を納付するものとす
　第八条　本会の経費は会費並に臨時寄附金を以て支弁す
　第九条　本会々計決算は翌年春期大会に於て報告するものとす
　第十条　会員にして疾病其他災厄に罹りたる時は之を慰籍し若し死亡者ある時は本会の霊簿に登録し毎年春秋二期の大会に於て追善供養をなすものとす」
（『大正十四年度　院報　佐世保養老院』1926 年, p. 18）
17）同上書, p. 5

18) 「海光園　いとし児欄」『昭和三年度　佐世保養老院院報』1929 年，p. 27
19) 「海光園　いとし児欄」『昭和四年度　佐世保養老院院報』1930 年，p. 24
20) 「海光園　いとし児欄」『佐世保養老院々報（昭和七年十一月発行）』1932 年，p. 21
21) 各年度「海光園　いとし児欄」に掲載の「海光園規則」
22) 「海光園　いとし児欄」『佐世保養老院々報　昭和八年九月発行』1933 年，p. 12
23) 『海光園事業報告書　昭和十四年八月発行』1939 年，p. 5
24) 「海光園　いとし児欄」『昭和三年度　佐世保養老院院報』1929 年，p. 26
25) 「海光園日誌の中より（1932 年）」「海光園　いとし児欄」『佐世保養老院々報　昭和八年九月発行』1933 年，p. 24
26) 「一九三三年海光園日誌中より」『海光園事業報告書　昭和九年九月発行』1934 年，p. 6
27) 「上海事変戦傷勇士慰問」「海光園　いとし児欄」『佐世保養老院々報　昭和七年十一月発行』1932 年，pp. 21-22
28) 『佐世保養老院々報　昭和六年十一月発行』1931 年，p. 13
29) 『佐世保養老院々報　昭和八年九月発行』1933 年，p. 12
30) 『昭和四年度　佐世保養老院院報』1930 年，p. 11
31) 「海光園　いとし児欄」『佐世保養老院々報　昭和八年九月発行』1933 年，p. 12
32) 『海光園事業報告書　昭和十四年八月発行』1939 年，p. 5
33) 『佐世保養老院々報　昭和八年九月発行』1933 年，p. 23
34) 『海光園事業報告書　昭和九年九月発行』1934 年，p. 3
35) 『海光園事業報告書　昭和十年九月発行』1935 年，p. 3
36) 『海光園事業報告書　昭和十一年八月発行』1936 年，p. 2
37) 『海光園事業報告書　昭和十二年七月発行』1937 年，p. 3
38) 『海光園事業報告書　昭和十三年七月発行』1938 年，p. 3
39) 『海光園事業報告書　昭和十四年八月発行』1939 年，p. 3
40) 『海光園事業報告書　昭和十五年八月発行』1940 年，p. 3
41) 『海光園事業報告書　昭和十六年八月発行』1941 年，p. 3
42) 1939（昭和 14）年 12 月，佐世保工廠の職員は，高等官 190・判任官 75・兵 5・雇傭人 581・職工 22738，総員計 23589 名の世帯となっていった。（佐世保市編さん委員会『佐世保年表　市制百周年記念』佐世保市，2002 年，p. 117）
43) 佐世保市立図書館内佐世保郷土研究所『佐世保のあゆみ』佐世保市明治百年記念事業協賛会，1969 年，p. 138
44) 「海光園　いとし児欄」『佐世保養老院々報（昭和七年十一月発行）』1932 年，p. 23
45) 『救護施設　佐世保養老院々報　昭和九年九月発行』1934 年，p. 21
46) 川添が新森宅に宿泊していた点は，現在の宗教法人多福寺「ナーランダ保育園」三代目園長であり，新森貫瑞の息子，新森耕爾氏からの聞き取りによる。
47) 小田信巌は，佐世保市谷郷町「九品寺」に，1923（大正 12）年 3 月に設立され

た「九品寺浄友日曜学校」，及び同年4月に設立された「九品寺華頂婦人会」の代表者であった。(『浄土宗社会事業年報　昭和九年九月　第一輯』浄土宗務所社会課，1934年，p. 97)

第10章

佐賀孤児院の組織形態に関する史的研究

◆ 第1節　佐賀孤児院の創設 ◆

「佐賀孤児院」その後の「佐賀育児院」は，現在の児童養護施設「佐賀清光園」（佐賀市呉服元町5-18）である。「佐賀孤児院」は佐賀県内の孤児院の歴史的先駆であり，また創設，運営上の組織形態において独自のものがあった。それは「本県曹洞宗寺院の賛同」[1] 事業として，また「本県下各宗有志寺院の共同事業」[2] として設立された点にある。1901（明治34）年9月に佐賀県内の仏教有志者の発起の下に，曹洞宗「天祐寺」境内に孤児院が仮設されたことから「佐賀孤児院」その後の「佐賀育児院」の歴史は始まる。

現在の「佐賀清光園」に至るまでに3回の移転を行っており，特に，1944（昭和19）年7月には空襲の恐れと軍需工場のため接収された経緯もあり，戦前期の史料は多く残っていない。なお，運営上の組織形態については把握できたため，施設の小史としての分析は可能であった。現在の施設内に保存されている史資料および公共図書館等の史資料で施設の組織形態は明らかにできた。よって本章では，戦前期の「佐賀孤児院」，その後の「佐賀育児院」の組織形態を中心に現在の「佐賀清光園」に至る通史を明らかにする。

1933（昭和8）年に発刊された『財団法人　佐賀育児院案内』には，創立について「明治三十四年九月佐賀県曹洞宗有志寺院（大高道貫，高閑者道樹，古賀徳山，諸岡如山，志田利弘，五氏発起ノ下ニ）ノ賛同ヲ得佐賀郡神野村天祐寺ニ開院ス」[3] と記載されている。また，1929（昭和4）年に発刊された『本院沿革誌』には，「本院は明治三十四年八月長安寺住職大高道貫，高伝寺住職高閑者

第1節　佐賀孤児院の創設　　151

道樹，経島寺住職古賀徳山，天祐寺住職諸岡如山，龍泰寺住職東島梅英，の各僧侶，並に佐賀郡金立村志田利弘など発起の下に長興寺住職田口英山及び佐賀市高木町阿部八百八等参加し本県に孤児院創設の議を唱へ同年九月佐賀孤児院創立願書を本県知事に提出したるを其始めとす」[4]と記載されている。このことから「佐賀孤児院」は曹洞宗僧侶が中心となって創設された経緯が理解できる。確かに上記の「長安寺」「高伝寺」「経島寺」「天祐寺」「龍泰寺」「長興寺」は曹洞宗の寺院であった。なお，上記の内僧侶ではないが「佐賀市高木町阿部八百八」は佐賀市元町（現在：呉服元町）の浄土宗「称念寺」総代を務めた人物であった。

　また，『本院沿革誌』には次の文章が綴られていた。「されど此の事業遂行に就ては素より経費を要する次第なれば小城郡牛津川以東の曹洞宗寺院七十余ヶ寺の代表者約，三十人を佐賀市赤松町龍泰寺に招きて其賛同を求め孤児院創立事業費として取り敢ず同年（明治三十四年）十月より十二月まで三ヶ月間一ヶ寺より毎月金五十銭つつの寄附を仰ぐことに協議決定し彌々着手せんとする」[5]。

　こうしたことから曹洞宗寺院関係の地域基盤のもとに「佐賀孤児院」は誕生したことになる。1901（明治34）年9月に，曹洞宗天祐寺境内にその産声をあげた。

　「名称及位置　本院は佐賀孤児院と称し佐賀郡神野村天祐寺内に仮設す　収養及目的　本院は悲惨無告の孤児及貧児（当分四才以上一二才以下）を収容し未だ学齢に達せざる児童は幼稚園の制に倣ひ之れを院内に教育し学齢に達したるものは最寄の小学校に托し修業せしめ高等卒業全科の上は其の才否に応じ実業又は中高等の教育を授け他年自営自活の道を得て帝国の良民と為すを以て目的とす」[6]。

　1901（明治34）年9月に創設された「佐賀孤児院」ではあるが，1904（明治37）年1月には各宗有志寺院の共同事業として組織化されることになった。1905（明治38）年に発刊された『佐賀孤児院』には「院務員評議員等も宗派と僧侶を問はず，勤めて公平を保つ様に配置しました」[7]と記されている。また，

152　第10章　佐賀孤児院の組織形態に関する史的研究

先に示した『本院沿革誌』には以下のように記載された。

「越て明治三十七年一月本院は事業拡張の主旨を以て其組織を変更し之を県下各宗寺院住職の共同事業となす事に決し一般に賛同援助を求めたるに其成績良好にして漸次発展の域に向へり是に於て院則に基き僧俗間に数名の評議員を推薦して事業遂行の諮問機関とし又院長其他常任役員等も選定し其氏名左の如し　院長　佐賀郡本庄村高伝寺住職高閑者道樹　教養主任　佐賀郡神野村天祐寺住職諸岡如山　院務主任　佐賀郡兵庫村長興寺住職田口英山　保母

表10-1　歴代施設長の在職年代

佐賀育児院					佐賀孤児院									名称
(4) 昭19.7.29 佐賀郡春日村大字尼寺958番地					(3) 明39.8 佐賀市水ヶ江町会所小路199番地		(2) 明38.3 佐賀市中町(小林区署跡)		(1) 明34.9 佐賀郡神野村曹洞宗天祐寺境内					事業所別
十一代	十代	九代	八代	七代	六代		五代		四代	三代	二代	一代	創期	歴代数
副院長	院長	副院長	院長	副院長	院長	副院長	院長	副院長	院長	副院長	院長	副院長	院長	教養主任	教養主任	役名
曹	浄	曹	浄	曹	浄	曹	浄	〃	曹	浄	曹	浄	〃	〃	〃	曹	宗派別
竜雲寺〃	称念寺〃	慈光寺〃	称念寺〃	宗眼寺〃	称念寺〃	長興寺〃	長興寺〃	宗眼寺〃	正定寺〃	長興寺〃	正定寺〃	長興寺〃	高伝寺〃	長興寺〃	称念寺〃	延命寺〃	称念寺〃	長安寺〃	天祐寺〃	高伝寺〃	天祐寺住職	寺院名
小島実参	西村常純	永野竜峰	西村常純	正覚慈観	西村常純	田口英山	田口英山	正覚慈観	田原典了	田口英山	正覚慈観	田原典了	高閑者道樹	田口英山	蜂須賀学純	蜂須賀学純	渡辺鉄翁	大高道貫	諸岡如山	高閑者道樹	諸岡如山	住職名
〃	五年	〃	三年	〃	五年	〃	一年八ヶ月	〃	四年五ヶ月	〃	三年	〃	三年	〃	一年四ヶ月	〃	十一年九ヶ月	〃	四年二ヶ月	〃	二年二ヶ月	〃	四年二ヶ月	在任期間
〃昭18.6-19.5	〃昭13.6-18.5	〃昭15.6-18.5	〃昭10.4-15.5	〃昭10.4-15.5	〃昭8.8-13.7	〃昭8.8-13.7	〃昭4.3-8.3	〃昭4.3-8.3	〃大15.3-4.2	〃大15.3-4.2	〃大12.3-15.2	〃大12.3-15.2	〃大1.11-12.3	〃大1.11-12.3	〃明43.9-大1.9	〃明43.9-大1.9	〃明39.8-43.11	〃明38.3-39.12	〃明36.12-38.11	〃明34.9-36.12	内訳

出所:『福祉事業八十年誌』を基本に施設内の史資料により作成
凡例　曹は曹洞宗, 浄は浄土宗

佐賀郡神野村天祐寺内諸岡コウ　評議員　神崎郡蓮池村宗眼寺住職正覚慈観　同　佐賀郡巨瀬村経島寺住職古賀徳山　同　佐賀郡金立村　志田利弘　同　佐賀市高木町　阿部八百八　同　佐賀市元町称念寺住職蜂須賀学純　同　杵島郡六角村願成寺住職福田益山　同　藤津郡鹿島町三福寺住職峰松順哲　同　佐賀郡八戸村普門寺住職江越活道　同　佐賀郡本庄村西光寺住職広木徳応　同　佐賀市中町　坂井庄三郎　同　佐賀市柳町　江原鉄市」[8]。

　上記の寺院において，宗派を示すと，高伝寺，天祐寺，長興寺，宗眼寺，経島寺，願成寺，普門寺が曹洞宗である。また，称念寺，三福寺，西光寺が浄土宗であり，「佐賀孤児院」の創設期である曹洞宗天祐寺境内に位置していた時期は，曹洞宗を中心に，浄土宗僧侶が加わった構図が形成されていた。

◆　第2節　佐賀市水ヶ江町への移転　◆

　「佐賀孤児院」はこうした寺院僧侶を基盤に組織化していったが，檀信徒，篤志家，地域住民の協力がなければ財源上運営はできず，「賛助員制」を採択していた。「維持及び方法　本院は志士仁人の協賛を仰ぎ月次若くは臨時の義損を以て維持経営す其の方法左の如し　（一）毎月金五銭以上の義損者を普通賛助員とす　（二）毎月二十五銭以上の義損者を特別賛助員とす　（三）毎月金十円以上の義損者を名誉維持員とし顧問の資格を有す　（四）臨時に金員及物品の義損者を篤志賛助員とす」[9]。この賛助会員は1905（明治38）年には「二百余名」[10]であった。また，収支報告は地元新聞の協力があった。「収支の報告　佐賀市に於て発行する西肥日報佐賀新聞の両社は本院の為め特に佐賀孤児院慈善日報欄の一欄を割愛せられたり故に本院に関する一切の記事及び月次年度の計算等は本欄に於て報告す」[11]。

　こうした地域の協力によって施設運営は強化していくが，1905（明治38）年3月院舎を移転することになった。天祐寺境内での生活運営は3年6ヵ月であった。院舎移転理由については次のように記されている。

　「明治三十八年三月院舎を佐賀市中町に移す本院創設の際神野村天祐寺内に

院舎を仮設し院児を教養し来りしも同寺は郡部に属し院として諸事不便を感するもの尠からざりしが偶々佐賀市中町に在りし元佐賀小林区署跡の家屋を借受る事とし毎月家賃八円に定め之に院舎を移したり」[12]。

なお，上記の中町の借家には1年5ヵ月で移転し，1906（明治39）年8月には佐賀市水ヶ江町会所小路に移転している。そして，この水ヶ江町で第二次世界大戦による疎開（昭和19年7月）まで18年2ヵ月の事業実践を展開することになる。なお，水ヶ江町への移転の前，1905（明治38）年12月に院長等が交代し，以下のようになった。「院長　佐賀郡東川副村長安寺住職大高道貫　副院長　佐賀市元町称念寺住職蜂須賀学純　保母　佐賀市水ヶ江町富永芳子」[13]。大高道貫は曹洞宗僧侶であり，蜂須賀学純は浄土宗僧侶であった。

この佐賀市水ヶ江町に移転したあたりから公的補助金が下附されるようになる。下附の経緯については次のように記されていた。

「補助と基金　当院の事業は素より仁愛慈善の発露なりと雖其経営は実に苦心惨憺筆紙の能く尽すべきなし是に於て明治三十七，八年の頃より県費補助を申請すること再三に及びしも当時尚院の基盤不確実なりとの理由の下に願書を却下せられたるが明治三十九年十一月佐賀郡選出県会議員三好勝一かねて本院より出願せる補助申請に就て熱心尽力するところあり明治四十年度より補助金二百円を下附せらるる事となりて爾後年々其額を増し現今（昭和三年度）にては毎年金八百円を下附せらるるに至れり」[14]。

上記のことからわかるように，明治40年代から公的補助金が交付されており，その後，1920（大正9）年3月には財団法人の認可を受けている。

「渡辺鉄翁師が前院長大高道貫師の後を承り明治四十三年十二月院長となるや前院長の意を継ぎ刻苦経営院務に精励し四，五年間は事務員をも置かず院費を節約し会計も自分之を掌り単独にて内外の事に力を尽し県の補助金も漸次増額し院の基本金も年々蓄積するに至り予て申請中なりし財団法人組織も亦大正九年三月内務大臣より認可ありたるを以て茲に其組織を変更して役員を選任し財団法人佐賀孤児院と改称して其基礎を鞏固にし其事業も亦益々繁多に趣きた

り此の法人組織当初の役員左の如し　院長　佐賀郡嘉瀬村延命寺住職渡辺鉄翁　副院長　（前に記す）蜂須賀学純　会計理事　佐賀市赤松町石丸勝一　理事（前院長，前に記す）大高道貫　同　（前院長，前に記す）高閑者道樹　同　佐賀市松原町豊増龍次郎　同　小城郡牛津町副島武熊　同　佐賀市赤松町龍泰寺住職佐々木大園　同　佐賀市高木町阿部八百八　監事　佐賀郡巨勢村経島寺住職古賀徳山　同　神崎郡蓮池村宗眼寺住職正覚慈観　同　伊万里町浄光寺住職光岡誠中　保母　佐賀市水ヶ江町富永芳子」15)。

　上記の内，住職の宗派を調べてみると，渡辺鉄翁（曹洞宗），蜂須賀学純（浄土宗），大高道貫（曹洞宗），高閑者道樹（曹洞宗），佐々木大園（曹洞宗），古河徳山（曹洞宗），正覚慈観（曹洞宗），光岡誠中（浄土宗）であった。上記の組織体制は1901（明治34）年12月のことであるが，やはり曹洞宗を中心に浄土宗僧侶が加わる形で運営されていた。なお，大正期に移り，1920（大正9）年3月，内務大臣の許可を得て財団法人となり，1921（大正10）年10月には第4回目の組織体制がとられたが，その時の院長は浄土宗称念寺住職蜂須賀学純であり副院長は曹洞宗長興寺住職田口英山が務めた。この浄土宗称念寺に隣接する形で現在の施設「佐賀清光園」（佐賀市呉服元町5-18）は現存する。

◆　第3節　大正期の運営体制　◆

　1920（大正9）年3月に財団法人組織となったが，院長の死亡等があり，大正期は明治期を挟んで4回の院長等の組織改正があった。1910（明治43）年12月「3代目」院長延命寺住職渡辺鉄翁（曹洞宗）副院長称念寺住職蜂須賀学純（浄土宗），1921（大正10）年10月「4代目」院長称念寺住職蜂須賀学純（浄土宗）副院長長興寺住職田口英山（曹洞宗），1923（大正12）年3月「5代目」院長高伝寺住職高閑者道樹（曹洞宗）副院長長興寺住職田口英山（曹洞宗）副院長正定寺住職田原典了（浄土宗），1926（大正15）年3月「6代目」院長宗眼寺住職正覚慈観（曹洞宗）副院長長興寺住職田口英山（曹洞宗）副院長正定寺住職田原典了（浄土宗）であった。

1923（大正12）年5月，乳児養育事業を加設することになり，また1926（大正15）年4月には昼間託児所及び少年職業紹介所を開設するに至っている。こうした孤児院経営から多面的に事業を広げていく過程で「佐賀孤児院」は名称を変えることになり，1926（大正15）年6月「佐賀育児院」と改称した。

「大正十二年五月より時勢の要求に伴ひ乳児養育事業を加設する事とし進んで同十五年四月より一般労働者の為め昼間托児所並に少年職業紹介の事業をも開設し又院名の孤児院を育児院と改称すべく予て内務大臣に認可申請中のところ大正十五年六月其認可を得たるを以て茲に本院は佐賀育児院と改称するに至れり」16)。

◆ 第4節　佐賀育児院時代の組織体制 ◆

「佐賀育児院」と改称し，その後昭和期に入るが，この時代から施設の拡大等が展開されていった。1927（昭和2）年には児童会館を建設した。

「昭和二年二月東京恩賜財団慶福会より建築資金として金二千円を下附され次で同年三月唐津町高取九郎家（曩に基本金三千円を寄附せし故高取伊好の息）より同じく金一千円の寄附ありたるを以て現任役員一同も協議の上金一千円の寄附を調へ之をその基本として昭和三年五月院舎建築設計予算二万円を計上し其筋の認可を得て県下一般に寄附を募り喜捨金一万一千円を得たれば同年七月第一期工事として児童会館，児童室，事務室，炊事場，便所等約八十余坪の建築起工に着手」17)。

また，1933（昭和8）年4月には第2回目の拡張工事を行っており，昼間保育所を新築している。

「第二回拡張　昭和八年四月本院附属昼間保育所ヲ同院境内ニ新築更ニ敷地及運動用地百三十坪ヲ購入総計費六千円　恩賜財団慶福会　上記第一，第二拡張費ニ対シ合計金三千三百円交附セラル」18)。こうした施設の拡張においては，寺院住職及び篤志家の尽力は大きいが，1929（昭和4）年3月に第7回目の組織改正を行っている。

第4節　佐賀育児院時代の組織体制

「佐賀市水ヶ江町会所小路　財団法人佐賀育児院　院長　前ニ記入正覚慈観　副院長兼院務主任　本院創立者田口英山　会計理事　本院創立者阿部八百八　理事　佐賀郡西川副村正定寺住職田原典了　同　佐賀郡北川副村長安寺住職大高智嶽　同　佐賀郡本庄村高伝寺住職高閑者知一　同　佐賀郡本庄村三好勝一　監事　本院創立者古賀徳山　同　佐賀郡金立村小西豊伝　同　佐賀市高木町観照院住職石井智賢　保母　佐賀郡北川副村野村スヨ　副保母　佐賀市水ヶ江町小野カネ」[19]。

　上記の組織体制において，これまで住職は曹洞宗，浄土宗のみであったが，佐賀市高木町観照院住職石井智賢は「日蓮宗」であり，支援者組織の檀信徒にも宗派としての拡がりがこの時期から見られるようになった。同時に，1931（昭和6）年9月には「佐賀育児院」の支援（後援）組織である「佐賀育児婦人会」が結成された。その会則は次のようになっていた。

「佐賀育児婦人会会則

　　　第一章　総則

　第一条　本会ハ佐賀育児婦人会ト称シ事務所ヲ佐賀育児院内ニ置ク
　第二条　本会ハ会員相互ノ親和ヲ致シ育児事業ノ後援ヲナスヲ以テ目的トス
　第三条　本会ハ本会ノ目的ニ賛同スル婦女子ヲ以テ組織ス

　　　第二章　事業

　第四条　本会ハ第二条ノ目的ヲ達成スル為メ左ノ事業ヲ行フ

　　　一．総会　毎年一月十八日御観音様初御縁日ヲトシ総会ヲ開キ会員相互ノ親和ヲ致ス
　　　二．隔年毎ニ時期ヲ見テ慈善演芸会ヲ開催ス

　　　第三章　役員

　第五条　本会ニ左ノ役員ヲ置ク

　　　一．総裁　　一名　　　　　二．会長　　一名
　　　三．副会長　三名　　　　　四．幹事　　若干名
　　　五．評議員　若干名

第六条　本会ハ総裁ニ鍋島侯爵令夫人ヲ推戴ス
第七条　会長及副会長ハ会員中ヨリ選挙シ幹事及評議員ハ会長之ヲ嘱托ス
　　　　但シ幹事中一名ハ育児院保母ヲ充当シ一切事務ヲ執ラシム
　　　　任期ハ各二ヶ年トス（但シ再任ヲ妨ケズ）
第八条　会長ハ本会諸般ノ会務ヲ統理ス
　　　一．副会長ハ会長ヲ補佐シ会長事故アルトキハ之ヲ代理ス
　　　二．幹事ハ会長ノ指揮ニ従ヒ会務ヲ掌理ス
　　　三．評議員ハ評議員会ニ於テ重要ナル事項ヲ審議ス
第九条　本会々員ヲ分チテ左ノ二種トス
　　　一．正会員
　　　二．名誉会員
　　　　　知事，内務部長，学務部長，警察部長各令夫人ヲ推薦ス
第十条　本会ニ顧問若干名ヲ置ク
　　　　顧問ハ評議員会ノ承認ヲ経テ会長之ヲ委嘱シ重要事項ノ諮問ニ応スルモノトス
第十一条　本会ノ経費ハ有志者ノ寄附ヲ以テ支弁ス
　　　　　　　　　　　　　　　　　　　　以上
　　　　　附則
昭和五年九月二十六日創立ノ日ヨリ実施ス　　　　佐賀育児婦人会
尚多数賛同者ノ御加入ヲ御勧メ下サイ　　　　　　会長　豊増一女　」[20]。

　上記において「名誉会員」は「知事，内務部長，学務部長，警察部長各令夫人ヲ推薦ス」とあるが，1933（昭和8）年5月には「総裁　鍋島侯爵令夫人（推戴出願中）　名誉会員　早川知事夫人　関内務部長夫人　光田学務部長夫人　宮村警察部長夫人」[21] となっていた。こうした「鍋島侯爵令夫人」あるいは行政職幹部の夫人を取り入れた確固たる組織を形成する意図が理解できる。別の視点から述べれば，行政職幹部を取り入れた公的施設として地域に理解してもらわなければ，特に財源上苦しいものはあったと推察される。篤志家の寄附，

あるいは会員制による会費等がなければ，施設の拡張，施設経営は成り立たないといってよい。上記の「佐賀育児婦人会」も施設の地域化，社会化，また組織化の観点から結成されており，例えば「正会員」は「毎月会費金十銭宛ヲ徴収ス」[22]と規定された。また，先の第2回目の拡張工事である昼間保育所建設にあたっては「寄附金募集額」を県に提出している。

「寄附金募集額
　一．募集ノ目的　　別紙建築趣意書ノ通リ（昼間保育所建築ニ付）
　二．募集金額　　　金六千円也
　三．募集方法　　　佐賀県下各市町村長並ニ各地特種ノ有志家及佐賀市内方面
　　　　　　　　　　委員各区長諸氏ヘ趣意書並ニ勧誘状ヲ配布シ募集セントス
　四．募集ノ区域　　佐賀県一円
　五．募集ノ期間　　許可ノ日ヨリ昭和九年三月三十一日迄
　六．発起人及管理者ノ住所氏名職業年齢
　　　　佐賀県神埼郡蓮池村二九七番地　僧侶　正覚慈観　七十三才
　　　　同　佐賀郡北川副村三四七番地　僧侶　大高智獄　五十五才
　　　　同　佐賀郡本庄村一七五番地　僧侶　髙閑者知一　四十七才
　　　　同　佐賀市高木町願正寺　僧侶　熊谷広済　七十九才
　　　　同　佐賀市高木町一一一番地　僧侶　石井智賢　六十四才
　　　　同　佐賀郡兵庫村五一九番地　僧侶　田口英山　六十才
　　　　同　全　西川副村南里一三〇一番地　僧侶　田原典了　五十八才
　　　　同　全　金立村金立一六六〇番地　僧侶　小西豊伝　六十六才
　　　　同　杵島郡六角村願成寺　僧侶　福田益山　六十二才
　　　　同　佐賀市高木町一五二番地　紙商　阿部八百八　六十五才
　　　　同　全　元町称念寺　僧侶　西村常純　四十四才
　　　　同　佐賀郡本庄村末次一二五番地　三好勝一　七十二才
　　　　同　佐賀市赤松町佐賀育児院常務　中島鉄次郎　五十三才　（以下略）　」[23]。

上記のように僧侶及び篤志家の組織体制によって「佐賀育児院」は基盤を構築していくが，同時に「賛助員」体制も施設の地域化，社会化の側面においては重要であった。1929（昭和4）年4月時点における「賛助員」体制は以下のようになっていた。

「普通賛助員　毎年額一円以上三円迄の寄附者　特別賛助員　毎年額四円以上六円迄の寄附者　名誉賛助員　毎年額十円以上の寄附者　名誉顧問員　一時金二百円以上の寄附者」[24]。また，「本財団ノ趣旨ニ賛成シ寄附シタ金品ハ永久ニ受ケ入レ其ノ都度姓名金穀物品ノ種類数量等ヲ地方新聞ニ広告ス」[25] と規定していた。1929（昭和4）年4月に発刊された『本院沿革誌』には「経常費金銭物品御寄附」の欄があり，金額，物品，住所，氏名がくまなく掲載されていた。なかには「五円　星華仏教婦人会長　千綿チカ子」とあるが，この「星華仏教婦人会」は，福岡県内曹洞宗寺院僧侶によって創立された「福岡養老院」の支援組織であった。こうした県内外の寄附者，団体によって施設が成り立っていることを『本院沿革誌』は広報化しており，本誌46頁の16頁を寄附の欄に当てていた。物品寄附の欄の一部を示せば次のようになる。

「御菓子澤山　長崎　楠田サクエ母　あま茶だんご澤山　西川副村　正定寺　せんべい澤山　佐賀　江崎清次郎父　あまぢゆ澤山　兵庫村　田口りう子　まんぢゆ澤山　佐世保　原勝一　造花一封花輪一封　会所小路　吉末たか子　饅頭　澤山　全　吉末たか子　饅頭　澤山　全　野田はま子　衣類数十点令女追善　江里口龍一　敷布団丹前衣類数点亡父追善　松原町　松陰館　座布団十九枚獣皮其他数十点　野口すな子　小供用衣類数十点　匿名　衣類足袋数十点　松原町　舟津あき子　漬梅一樽　三里村池上　中村清心　足袋帽子数点　三登屋呉服店」[26]。こうした細やかともいえる物品寄附も公開し，施設の地域化に心がけていた。

◆ 第5節　児童の生活状況と財源 ◆

施設における児童処遇に関する史料が少ないが，上記『本院沿革誌』では次

第5節　児童の生活状況と財源

のように記されていた。

「院の事業　目的　世の可憐なる孤児貧児棄児等出生当歳より満十二才未満の者を収容し其の父母に代り身心共に健全に教養撫育し各々其の好嗜に従ひ独立自活の途に就かしめ善良なる国民たるべく教養指導するを目的とす。

教育の方法　乳児はなるべく牛乳より人乳を以て育てんがため本院より里母先を求め十分なる調査をなしたる上安全なる里母に依托し学齢未満の児童は幼稚園制に倣ひ院内に於て教養し学齢に達する者は市内小学校に通学せしめ男女共必す高等小学校を卒業せしめ其の後は才否に応し更に中等の学に就かしめ又本人の希望に依り直ちに実業に従事せしむる者もあり女児は高等科卒業後裁縫料理等の技術を習得させることになつて居ります。

本院の家族主義　本院は専ら家族主義に則り在院職員は皆院児の父母となり院児相互は兄弟姉妹として互に親睦を旨とし予て宗教教育の感化に依り其の徳性を涵養し常に一家団楽の和気がみなぎつて居ります。

精神修養　院児の精神修養に資する為め本院内に於て隔週土曜日教育家，宗教家其他知名の士を招き修養講演会を開き傍ら一般児童との連絡を計る為め附近の児童をも集め教育活動童謡等を催することもあります。

院内衣食住の供給　大方慈善家の恩恵に出たるものなれば諸事節倹を旨とし一粒米一茎菜も之を大切に護惜し瑣々たる物品たり共適宜之を実用に供す。

日常規定概略　午前六時起床　但炊事係は五時起床の事，午前六時半仏前礼拝，午前七時朝食午後九時就寝，但幼年部は比隈に非す裁縫係は午後十時と定む」[27]。

表10－2には「在院者現在数」を示しているが，「乳児」に対しては上記にあるように「本院より里母先を求め十分なる調査をなしたる上安全なる里母に委託」していた。また，「保健衛生」の面に関しては表10－3に示すように各病院，医院との連携があったようである。「収容児童本籍地別」を表10－4に示しているが，他県は少なく佐賀県内が大半を占めていた。

「佐賀育児院」は1932（昭和7）年5月26日，「救護法」の実施に伴い「救

162　第10章　佐賀孤児院の組織形態に関する史的研究

表10－2　在院者現在数

種別	未就學兒童	尋常科生	高等科生	中等學校生	不具者	家事裁縫其他見習	内院 計	乳兒	職業見習	外院 計	総合計
男	一	九	三	一	一	四	十九	四	五	九	二九
女	二	二	○	○	一	二	七	五	四	九	十六
計	三	一一	三	一	二	六	二六	九	九	一八	四四

出所：『昭和四年四月　本院沿革誌』p. 25

表10－3　保健衛生

保健衛生に關する施療施薬	病院薬店名	場所
	縣立病院好生館	佐賀市水ヶ江町
	臼井病院	同中ノ橋小路
	千住醫院	同一ノ橋
	柴田醫院	同材木町
	大庭醫院	同材木町
	東醫院	同一ノ橋
	皮膚病科今井醫院	同會所小路出張所
	荒木眼科病院	同蓮池町
	武田薬局	同牛島町

出所：『昭和四年四月　本院沿革誌』p. 25

表10－4　収容児童本籍地別

収容児童本籍地別	市郡別	佐賀市	神崎郡	杵島郡	小城郡	藤津郡	三養基郡	東松浦郡	西松浦郡	他縣	計
創立以来現在二至ル	男	一二	三五	六	一四	八	三	四	一	四	九一
	女	一一	一七	二	○	二	一	○	二	六	四一
但臨時短期此取扱ノ児童ハ算入セス	計	二三	五二	八	一四	一○	四	四	三	一○	一三二

出所：『昭和四年四月　本院沿革誌』p. 25

護施設」の認可を受けている[28]。なお，施設の財源（経営）に関しては，『財団法人　佐賀育児院案内』から引用すると「事業経営ノ状況　本院ハ毎年宮内省御下賜金，内務省御奨励金，曹洞宗務院助成金及県市町村補助金，賛助金其他一般篤志家ノ慈善寄附金並ニ財産ヨリ生スル利子等ヲ以テ維持経営ヲナス」[29]と規定されていた。上記の「宮内省御下賜金」は現在の施設内に現存す

る手書き史料によると，大正一年十二月から受けている。年度ごとの金額を示すと，大正10年100円，大正11年400円，大正12年500円，大正13年500円，大正14年400円，大正15年300円，昭和2年400円，昭和3年400円，昭和4年400円，昭和5年400円（2月），300円（12月），昭和6年400円，昭和7年400円，昭和8年3,000円，昭和9年500円，昭和10年500円，昭和11年500円，昭和12年500円，昭和13年500円であった[30]。また，内務省奨励金は，大正元年200円，大正2年200円，大正4年100円，大正5年130円，大正6年80円，大正7年70円，大正8年50円，大正9年50円，大正10年300円，大正11年300円，大正12年400円，大正13年300円，大正14年300円，大正15年300円，昭和2年300円，昭和3年300円，昭和4年300円，昭和5年300円，昭和6年100円，昭和7年100円，昭和8年100円，昭和9年500円，昭和10年500円，昭和11年500円，昭和12年500円，昭和13年600円であった[31]。

現存する歳入歳出関係書類は「昭和十五年度歳入歳出予算書」「昭和十七年度歳入歳出決算書」のみであり表10-5，表10-6に示している。表10-5における「昭和十五年度佐賀育児院歳入歳出予算書」における「歳入」の主要項目は，「財産収入（基本金利子）」「御下賜金」「奨励金並ニ助成金」「補助並救護児依託料」「寄附金」である。この内「救護児依託料」は「救護法」による「救護費」に該当する。全体的には「奨励金並ニ助成金」が高額となっている傾向が出ている。表10-5にある「厚生省奨励金」は1938（昭和13）年7月1日に施行された「社会事業法」による国庫奨励金である。この国庫奨励金は全国で1938（昭和13）年度が50万円，903施設（団体）に下附された[32]。1939（昭和14）年度からは100万円に増加し，下附された施設（団体）も903箇所に増加した[33]。昭和15年度における国庫奨励金は1,324施設（団体）100万円であり[34]，一施設（団体）に計算すると755円となるが，「佐賀育児院」は「一二〇〇」円であり，少々高い国庫奨励金であったことがわかる。また，厚生省生活局保護課調では，道府県の補助金は昭和15年度は1,177施設（団体），

表10-5 昭和十五年度佐賀育児院歳入歳出予算書

昭和十五年度佐賀育児院歳入歳出予算書

歳入ノ部

科　目	十五年度豫算	十四年度豫算	比較増減	備　考
第一款　財産収入	七四〇	六八〇	六〇	
第一項　基本金利子	七〇〇	六五〇	五〇	
第二項　當座預金利子	四〇	三〇	一〇	
第二款　御下賜金	九五〇	五〇〇	四五〇	
第一項　宮内省御下賜金	九五〇	五〇〇	四五〇	
第三款　奨励金並二助成金	四、八五〇	三、六九〇	一、一六〇	
第一項　厚生省奨励金	一、二〇〇	一、一四〇	六〇	
第二項　縣助成金	一、五〇〇	一、五〇〇		
第三項　佐賀市補助	五〇〇	五〇〇		
第四項　鍋島家助成金	一、五〇〇	一、五〇〇		
第五項　曹洞宗　三井三菱住友中央並二三縣共會事業助成金	一、七〇〇	一、〇〇〇	七〇〇	
第六項　浄土宗助成金	一五〇	一〇〇	五〇	
第四款　市町村依託料並　救護兒依託補助	二、六〇〇	二、六〇〇		
第一項　市町村依託料並　救護兒依託補助	二、六〇〇	二、六〇〇		唐津市。外縣下百二十三ヶ町村
第五款　寄附金	二、二五〇	一、八九〇	三六〇	
第一項　賛助金	六〇〇	三三〇	二七〇	
第二項　臨時追善慈善寄附	一、五〇〇	一、四四〇	六〇	
第三項　慈善演藝會純益	一〇〇	二〇〇		
第四項　慈善箱寄附金	五〇	二〇	三〇	
第六款　雑収入	四三五〇	二〇〇〇	二三五〇	
第一項　雑収入	四三五〇	二〇〇〇	二三五〇	
第七款　繰越金	五〇〇〇	三〇〇〇	二〇〇〇	
第一項　繰越金	五〇〇〇	三〇〇〇	二〇〇〇	
第八款　經常豫備資金受入	一、〇〇〇		一、〇〇〇	
第一項　經常豫備資金受入	一、〇〇〇		一、〇〇〇	
計	一三、三三五〇〇	九、八六〇〇〇	三、四六五〇〇	

表10-6 昭和十七年度佐賀育児院歳入歳出決算書

昭和十七年度佐賀育児院歳入歳出決算書

歳入ノ部

科目	十七年度決算額	十七年度豫算額	比較増減	備考
第一款 財産収入				
第一項 基本金利子	七三三、一八一	一、〇五〇	三五、六八	
第二項 當座預金利子	二五一	五〇〇	二四七、四九	
第二款 御下賜金				
第一項 宮内省御下賜金	五〇〇	五〇〇		
第三款 奨励金並二助成金				
第一項 厚生省奨励金	三、四八、五〇	四、九五〇	一、四六五、〇〇	
第二項 佐賀縣補助	一、〇九〇	一、二〇〇	一一〇、〇〇	
第三項 佐賀市補助	八六、五〇	一、二〇〇	三三五、〇〇	本院 六六五圓 保育所 二〇〇圓
第四項 鍋島家助成金	五〇〇	一、五〇〇		
第五項 曹洞宗浄土宗事業共會助成金	九〇〇	二〇〇	七〇〇	
第六項 三井三菱住友中央並二縣社會共會助成金	七九、〇〇〇	一、七〇〇	九一〇、〇〇	
第四款 救護市町村依託料並	二、五〇四、六五	二、六〇〇	九五、三五	
第五款 救護市町村依託料並	二、五〇四、六五	二、六〇〇	九五、三五	
第一項 寄附金	二、〇六〇、六九	三、二五〇	一、一八九、三一	
第二項 臨時追善慈善寄附	二、〇二、一〇〇	二、六〇〇、〇〇	四七八、〇〇	
第三項 贊助金	二、一二〇	五〇〇	一、八九〇、〇〇	
第四項 慈善演藝會純益		一、〇〇〇	一〇〇、〇〇	巡回中止
第六款 慈善箱寄附金	一、六六九	五〇〇〇	三三三、三一	
第一項 雑収入	三、三〇四〇	三、三、七〇〇	三、四〇	
第七款 繰越金	七、五三三、一二	六、〇〇〇	一五三、〇二一	
第一項 繰越金	七、五三三、一二	六、〇〇〇		
第八款 經常豫備資金受入	五、〇〇〇	五、〇〇〇		
第一項 經常豫備資金受入	五、〇〇〇	五、〇〇〇		
歳入合計	一〇、八五八、〇八	一三、七六七、〇〇		二、九〇八、九二

507,192円であったが[35]，一施設（団体）の平均は431円であり，表10-5を見る限り，「佐賀育児院」の「県助成金」は「一一五〇」円となっており，奨励金，補助金（助成金）ともに一般的には高額であったと考えられる。

表10-6には「昭和昭和十七年度歳入歳出決算書」を示している。「社会事業法」による「国庫補助金の増額が行われた一方で，地方費補助金は補助対象団体数及び金額ともに大きく減少した」[36]との指摘があるが，表10-5においては昭和15年度が「県助成金」1,150円であったが，昭和17年度は865円に減少している。なお，表10-5の昭和15年度の歳入は予算であり，正確なことは言えないが，減少傾向はあったと考えられる。また，「寄附金」における「賛助金」が昭和15年度600円から昭和17年度22円に減少している。なお，「財団法人佐賀孤児院大正八年度収支決算書」において，「賛助金」は「五七一六円九〇」[37]であった。また，昭和8年度の収入の「合計金」は「八三八五二円一〇」[38]であり，昭和15年度，昭和17年度と比較して大きな開きがみられる。つまり，戦時下の中にあって賛助体制に陰りが出てきたのかもしれないが，表10-6において「慈善演芸会」の巡回が中止されており，また「慈善箱寄附金」も減少しており，戦争の影響もあったと推察される。1944（昭和19）年7月29日，「佐賀育児院」は空襲の恐れがあり，また院舎が軍事工場のために接収され，佐賀郡春日村大字尼寺九五八番地に移転することになった。佐賀市水ヶ江町での実践は18年2ヵ月で終りを遂げた。

◆ 第6節　精神面における施設職員の今後の展望 ◆

戦争が激しくなっていく中で，佐賀県内では1944（昭和19）年6月，空襲被災に備えて各個人の血液型を登録制とした。また，同年7月1日には各個人の衣服に身元票を縫い付けることになった。そして，同年8月5日には佐賀空襲，11日には鳥栖空襲に見舞われた[39]。こうした戦時の中で「佐賀育児院」は佐賀郡春日村大字尼寺に疎開する。施設の児童の大半はこの尼寺に移動した。数名は当時，院長を務めていた浄土宗称念寺住職西村常純のもとに預けられた。

第6節　精神面における施設職員の今後の展望

　敗戦後，米国進駐軍は佐賀の中心地に孤児救済施設を設けるよう県教育民生部に指示した。西村常純は民生部長の要請に応えて，施設を春日村大字尼寺より，佐賀市呉服元町の浄土宗称念寺境内に移転させ，1947（昭和22）年6月名称も「佐賀育児院」から現在の「佐賀清光園」に改名した[40]。現在は浄土宗称念寺に隣接する形で運営（実践）されている社会福祉法人「佐賀清光園」ではあるが，その歴史を紐解いていくと，1901（明治34）年9月に佐賀郡神野村，曹洞宗天祐寺境内に創設された「佐賀孤児院」である。

　本章でも述べたが，「佐賀孤児院」は曹洞宗寺院を中心に創設され，その後，佐賀県下の各宗有志寺院の共同事業となり，浄土宗僧侶が加わることになった。昭和期に入ると日蓮宗僧侶も加わり，同時に支援組織である「佐賀育児婦人会」が結成された。「賛助員」体制，同時に「佐賀育児婦人会」には行政職幹部夫人を取り入れた形態を採択して地域中で地盤を強固にし，組織化を図っていった。実践の内実には，計り知れない苦悩もあったと推察するが，史資料の関係で本章では施設の組織形態を中心に分析した。なお，今後の課題として史資料の収集を強化し，施設内に従事した職員の精神性（思想，慈愛，思考等）を掘り起こす作業を行っていく必要性がある。

〈注〉
1) 『昭和十一年十月　佐賀県社会事業要覧』佐賀県社会課，昭和十一年十月十三日，p. 292
2) 同上書，p. 292
3) 『財団法人　佐賀育児院案内　昭和八年五月現在』
4) 『昭和四年四月　本院沿革誌』財団法人佐賀育児院，昭和四年四月，p. 1
5) 同上書，p. 1
6) 『佐賀孤児院』佐賀孤児院，明治三十八年十月二十八日，p. 7
7) 同上書，p. 4
8) 前掲，『昭和四年四月　本院沿革誌』pp. 3-4
9) 前掲，『佐賀孤児院』p. 9
10) 同上書，p. 13
11) 同上書，p. 9

12) 前掲,『昭和四年四月　本院沿革誌』pp. 4-5
13) 同上書, p. 6
14) 同上書, p. 8
15) 同上書, pp. 9-10
16) 同上書, p. 11
17) 同上書, p. 12
18) 前掲,『財団法人　佐賀育児院案内　昭和八年五月現在』
19) 前掲,『昭和四年四月　本院沿革誌』p. 13
20)『佐賀育児婦人会会則』全文
21) 前掲,『財団法人　佐賀育児院案内　昭和八年五月現在』
22) 同上書
23)「寄附金募集願」(手書き史料)
24) 前掲,『昭和四年四月　本院沿革誌』p. 27
25) 同上書, p. 15
26) 同上書, pp. 29-30
27) 同上書, pp. 24-27
28) 前掲,『財団法人　佐賀育児院案内　昭和八年五月現在』
29) 同上書
30) 施設内の手書き史料
31) 同上書
32)『日本社会事業年鑑（昭和十八年度版）』財団法人中央社会事業協会社会事業研究所, 1944年, pp. 36-37
33) 同上書, pp. 36-37
34) 同上書, pp. 36-37
35) 同上書, p. 37
36) 厚生省五十年史編集委員会編集『厚生省五十年史（記述篇）』財団法人厚生問題研究会, 1988年, p. 473
37)『大正九年八月発行　慈善』佐賀孤児院, 大正九年八月廿八日, p. 5
38) 同上書, p. 5, なお上記の『慈善』は「佐賀孤児院」の年次報告書と考えられるが, 大正九年八月発行のものしか発見されていない。
39)『佐賀の百年―佐賀県政百年歴史年表―』佐賀県, 1983年, pp. 92-93
40)『福祉事業八十年誌』社会福祉法人佐賀清光園, p. 16

施設関係史料

1. 佐世保養老院史料
〈年次報告書〉
『大正十四年度　院報』大正十五年四月十五日
『昭和元年度　佐世保養老院院報』昭和二年十月十日
『昭和二年度　佐世保養老院院報』昭和三年十二月三十日
『昭和三年度　佐世保養老院院報』昭和四年十月十五日
『昭和四年度　佐世保養老院院報』昭和五年十一月
『佐世保養老院々報　昭和六年十一月発行』昭和六年十一月二十日
『佐世保養老院々報　昭和七年十一月発行』昭和七年十一月二十五日
『佐世保養老院々報　昭和八年九月発行』昭和八年九月二十日
『救護施設　佐世保養老院々報　昭和九年九月発行』昭和九年九月二十五日
『救護施設　佐世保養老院々報　昭和十年九月発行』昭和十年九月十日
『救護施設　佐世保養老院々報　昭和十一年八月発行』昭和十一年八月二十五日
『救護施設　佐世保養老院々報　昭和十二年七月発行』昭和十二年七月五日
『救護施設　佐世保養老院々報　昭和十三年七月発行』昭和十三年七月二十五日
『救護施設　佐世保養老院々報　昭和十四年八月発行』昭和十四年八月十日
『救護施設　佐世保養老院々報　昭和十五年八月発行』昭和十五年八月十五日
『救護施設　佐世保養老院々報　昭和十六年八月発行』昭和十六年八月十五日
〈展覧会史料〉
「佐世保養老院創立十周年　記念書画展覧会」昭和九年十月八日至十日
「高僧名士諸大家御揮毫　書画領布会趣旨」
「書画領布会趣旨」
「書画領布会申込書」
〈啓発関係史料〉
『佐世保養老院と其内容』佐世保仏教婦人救護会，昭和二年二月二十五日
〈川添諦信著書，論文〉
「養老院所感」『長崎県社会事業』第五巻第八号，長崎県社会事業協会，昭和十五年八月
「国土荘厳」『養老事業だより』第八号，全国養老事業協会，昭和二十七年十一月一日
「親切の捨てどころ」『養老事業だより』第九号，全国養老事業協会，昭和二十八年三月一日
「養老施設清風園創立三十周年を回顧して」『養老事業だより』第十四号，全国養老事業協会，昭和三十年四月二十日

「養老施設の心の処遇について」『老人福祉』第十八号，全国養老事業協会，昭和三十一年八月三十一日
「養老施設を推進するもの」『老人福祉』第二十二号，全国養老事業協会，昭和三十三年九月一日
「清風園との出会い五十年」『長崎県老人福祉』第七号，長崎県社会福祉協議会老人福祉部会，昭和五十一年二月十五日

2. 別府養老院史料
〈年次報告書〉
『大正十四年度　別府養老院年報』大正十五年三月三十一日
『昭和元年度　別府養老院年報』昭和二年三月三十一日
『昭和二年度　別府養老院年報』昭和三年三月三十一日
『昭和三年度　別府養老院年報』昭和四年三月三十一日
『昭和四年度　別府養老院年報』昭和五年三月末日
『昭和五年度　別府養老院年報』昭和六年三月末日
『昭和六年度　別府養老院年報』昭和七年三月末日
『昭和七年度　別府養老院年報』昭和八年三月末日
『昭和八年度　別府養老院年報』昭和九年三月末日
『昭和九年度　別府養老院年報』昭和十年五月末日
『昭和十年度　別府養老院年報』昭和十一年六月末日
『昭和十一年度　別府養老院年報』昭和十二年六月末日
『昭和十二年度　別府養老院年報』
『昭和十三年度　別府養老院年報』
『昭和十四年度　別府養老院年報』
『昭和十五年度　別府養老院年報』
『昭和十六年度　別府養老院年報』
〈募金活動等作成史料〉
「拝啓　時下向暑之候」大正十五年七月一日
「拝啓　尊堂癒御隆盛奉賀候」昭和元年十二月二十七日
「養老院建設慈善袋」
「我か親愛なる市民に訴ふ　別府市婦人矯風会　双葉会　愛国婦人会」
〈養老婦人会関連史料〉
「養老婦人会事業」昭和三年十一月
「養老婦人会総会」昭和五年六月五日
「養老婦人会総会」昭和九年十一月
「御案内」十一月二十日
〈式典史料〉
「落成式」大正十五年十一月十五日

「拝啓時下春寒料峭之候」昭和五年二月
「拝啓　初冬の節」昭和五年十二月一日
「拝啓　時下秋冷之候」昭和十年十月五日
「別府養老院創立十周年記念式次第」十月十六日
〈敬老会史料〉
「第一回敬老会関係」大正十五年十一月十五日
「第二回敬老会関係」昭和二年十一月十三日
「第二回敬老会関係」昭和二年十一月十五日
「第三回敬老会関係」昭和三年十一月三日
「第三回敬老会関係」昭和三年十一月十日
〈慈善演芸会等関係史料〉
「慈善演芸会趣旨」大正十五年一月二十三日，二十四日
「御願　慈善大演芸会」昭和五年四月二十七日，二十八日
「慈善演芸会プログラム」四月二十七日，二十八日
〈消毒所史料〉
「別府養老院創立十周年記念事業　別府消毒所新設概要」昭和九年十月
「病敵ニ対シ　予防ト　消毒　別府消毒所概要」昭和十二年十月
〈その他〉
「別府養老院趣意書」大正十三年七月
「救護法施行に直面して」昭和六年十二月二十三日
「別府養老院事業概要」昭和八年一月
「出動将兵御家族」昭和十二年十一月二日
「時局に鑑み法衣を出動将兵に」昭和十二年十一月九日
「海軍病院慰問」昭和十二年十二月三日
「別府養老院　賛助御芳名」
〈矢野嶺雄著書，論文〉
『恩波集』昭和十二年二月三日
「一見明星」『社会事業』第一巻第三号，大分県社会事業協会，昭和十四年十二月十五日
「有料老人ホームについて」『養老事業だより』第十二号，全国養老事業協会，昭和二十九年八月一日
「老齢加算金を受領して」『老人福祉』第二十六号，全国養老事業協会，昭和三十五年八月二十日
「別府老人ホーム五十年のあゆみ」『長崎県老人福祉』長崎県社会福祉協議会老人福祉部会，昭和五十一年二月十五日

3. 報恩積善会史料

『報恩時報第一回』大正三年九月二十四日

『報恩時報第二回』大正八年五月三十一日
『報恩時報第三回』大正九年七月二十五日
『報恩時報第六回』大正十年十二月一日
『報恩時報第七回』大正十一年八月一日
『報恩積善会養老事業報告（大正十一年十二月末発表）』大正十二年四月一日
『報恩積善会養老事業報告（大正十二年十二月末発表）』大正十三年四月一日
『報恩積善会養老事業報告（大正十三年十二月末発表）』大正十四年一月二十五日
『報恩積善会養老事業報告（大正十四年十二月末発表）』大正十五年一月十五日
『報恩積善会養老年報　昭和六年度』
『報恩積善会養老年報　昭和七年度』昭和八年一月
『財団法人報恩積善会養老年報　昭和八年度』昭和九年一月
『財団法人報恩積善会養老年報　昭和九年度』昭和十年一月
『財団法人報恩積善会養老年報　昭和十年度』昭和十一年一月
『財団法人報恩積善会養老年報　昭和十一年度』昭和十二年一月
『財団法人報恩積善会養老年報　自　昭和十二年四月一日　至　昭和十三年三月三十一日』昭和十三年四月
『財団法人報恩積善会養老年報　自　昭和十三年四月一日　至　昭和十四年三月三十一日』昭和十四年四月
『財団法人報恩積善会養老年報　自　昭和十四年四月一日　至　昭和十五年三月三十一日』昭和十五年四月
『財団法人報恩積善会養老年報　自　昭和十五年四月一日　至　昭和十六年三月三十一日』昭和十六年四月
『財団法人報恩積善会養老年報　自　昭和十六年四月一日　至　昭和十七年三月三十一日』昭和十七年四月
『財団法人報恩積善会養老年報　自　昭和十七年四月一日　至　昭和十八年三月三十一日』昭和十八年四月
『財団法人報恩積善会養老年報　自　昭和十八年四月一日　至　昭和十九年三月三十一日』昭和十九年四月
『救済事業調査表（養老）大正三年末日』
『救済事業調査表（養老）大正四年末日』
『救済事業調査表（養老）大正五年十二月末日』
『救済事業調査表（養老）大正六年十二月末日』
『救済事業調査表（養老）大正七年十二月末日』
『救済事業調査表（養老）大正八年十二月末日』
『救済事業調査表（養老）大正九年十二月末日』
『救済事業調査表（養老）大正十年十二月末日』
『救済事業調査表（養老）大正十一年十二月末日』

『救済事業調査表（養老）大正十二年十二月末日』
『救済事業調査表（養老）大正十三年十二月末日』
『救済事業調査表（養老）大正十四年十二月末日』
〈戦後記念誌〉
『創立85周年記念誌　今昔物語』社会福祉法人養護老人ホーム報恩積善会，2007年
『創立100周年記念誌　流光を紡いで』社会福祉法人養護老人ホーム報恩積善会

4．名古屋養老院史料
〈年次報告書〉
『昭和六年八月刷成　財団法人名古屋養老院要覧』名古屋養老院
『昭和十一年三月刷成　財団法人名古屋養老院要覧』名古屋養老院
〈設立趣意書定款並細則等〉
『昭和六年八月刷成　財団法人名古屋養老院設立趣意書定款並細則』名古屋養老院
「養老院設立趣意書」明治三十四年十一月
〈関連史料〉
『昭和八年度　養老院事業概要』財団法人岐阜養老院
『昭和十年度　養老院事業概要』財団法人岐阜養老院，昭和十年十月十日
『昭和九年六月二十三日　養老婦人会総会概要』岐阜養老院，昭和九年六月二十三日
『仏教養老院寄附行為』財団法人仏教養老院
『佛教養老同志倶楽部及附属養老院開基ノ由来』財団法人仏教養老同志倶楽部

5．札幌養老院史料
〈年次報告書〉
『昭和六年十月　事業概要』財団法人札幌養老院，昭和六年十月五日
『昭和十年九月　事業概要』財団法人札幌養老院，昭和十年九月十日
『和十一年九月　事業概要』財団法人札幌養老院，昭和十一年九月十五日
〈広報雑誌〉
『養老　第二十号』財団法人札幌養老院，昭和十一年十月三十日
『養老　第二十二号』財団法人札幌養老院，昭和十二年四月二十五日
『養老　第二十六号』財団法人札幌養老院，昭和十三年八月十五日
〈手書き史料〉
『大正十四年六月起　記録簿　札幌養老院』
『故玄松僧正畧伝〔昭和四年玄松僧正初盆を迎えたるにあたり，三代住職安富賢亮師が追善菩提を意味し筆にせしもの〕
〈亀森富吉，論文〉
「養老事業に就て」『北海道社会事業』北海道社会事業協会，昭和八年九月一日
「文化と敬老制度の確立」『北海道社会事業』
〈要覧〉
『事業要覧』社会福祉法人札幌養老院　昭和三十一年八月

〈戦後広報雑誌〉
『敬老　第一回「としよりの日」に贈る』財団法人札幌養老院
〈戦後記念誌〉
『養老の道をたずねて半世紀―札幌慈啓会50年史』社会福祉法人札幌慈啓会，1981年
『「共生」の理念とともに―札幌慈啓会80年史―』社会福祉法人さっぽろ慈啓会，2006年

6. 海光園史料
〈年次報告書〉
「海光園　いとし児欄」『昭和三年度　佐世保養老院院報』昭和四年十月
「海光園　いとし児欄」『昭和四年度　佐世保養老院院報』昭和五年十一月
「海光園　いとし児欄」『佐世保養老院々報（昭和六年十一月発行）』昭和六年十一月二十日
「海光園　いとし児欄」『佐世保養老院々報（昭和七年十一月発行）』昭和七年十一月二十五日
「海光園　いとし児欄」『佐世保養老院々報（昭和八年九月発行）』昭和八年九月二十日
『海光園事業報告書　昭和九年九月発行』昭和九年九月二十五日
『海光園事業報告書　昭和十年九月発行』昭和十年九月十日
『海光園事業報告書　昭和十一年八月発行』昭和十一年八月二十五日
『海光園事業報告書　昭和十二年七月発行』昭和十二年七月五日
『海光園事業報告書　昭和十三年七月発行』昭和十三年七月二十五日
『海光園事業報告書　昭和十四年八月発行』昭和十四年八月十日
『海光園事業報告書　昭和十五年八月発行』昭和十五年八月十五日
『海光園事業報告書　昭和十六年八月発行』昭和十六年八月十五日

7. 佐賀孤児院史料
〈施設報告書〉
『佐賀孤児院』佐賀孤児院，明治三十八年十月二十八日
『昭和四年四月　本誌沿革誌』財団法人佐賀育児院
『財団法人佐賀育児院案内　昭和八年五月現在』佐賀育児院　昭和八年五月
『昭和十五年度歳入歳出予算書』財団法人佐賀育児院
『昭和十五年度歳入歳出決算書』財団法人佐賀育児院
『財団法人佐賀育児院ノ沿革概要』
『佐賀育児婦人会会則』佐賀育児婦人会　昭和六年九月二十六日
「財団法人佐賀育児院附属昼間保育所建築及敷地購入ニ付寄附金募集趣意書」
「財団法人佐賀育児院附属昼間保育所建築及敷地購入ニ付寄附金募集支出予算書」昭和八年二月十五日

〈機関紙〉
『大正九年八月発行　慈善』佐賀孤児院　大正九年八月二十八日
〈手書き史料〉
「観無量壽経に云く佛心とは大慈悲に是也誠なり哉宝こそ佛心は即ち慈愛の意にして」
　前院長大高道貫」
「御下賜金一覧」佐賀孤児院
「寄附金募集願」「財団法人佐賀育児院附属昼間保育所建築会計規程」
〈戦後記念誌〉
『福祉事業八十年誌』社会福祉法人佐賀清光園

お わ り に

　私が施設史，なかでも養老院史に関心を持つようになったのは，久留米大学元教授，菊池正治先生から，『日本社会福祉人物史（下）』相川書房（平成元年刊）の執筆者として「川添諦信」を書くよう依頼を受けたことによる。実は，私は大学，大学院時代から児童福祉領域の施設史を中心に研究を続けてきた。大学4年の時，現在の保育士を取得し，大学院修了時には，それまでボランティア活動を続けて来た無認可保育所の所長に就く予定であった。大学院修了時の3月，大阪府高石市の「南海保育専門学校」に社会福祉科が新設されることになり，急遽，新米教師として赴任することになった。専門学校の敷地内には認可保育所があったこともあり，私にとっては格好の職場でもあった。保育所の手伝いをさせていただき，研究にも役立つことが多かった。また，大学院時代から研究を続けていた「石井記念愛染園」にも近くなり，原史料から多くのことを学んだ。特に「冨田象吉」研究はしやすい環境にあった。
　その後，長崎の短大に移ると，雑務が多くなり，「社会福祉事業史」を担当するものの，これまでの研究を吐き出すばかりで，研究者として吸収に時間が取れなくなった。また，養老院史には全く関心がなく，どのような実践が展開されていたのか知らなかった。そのような時，本書にも書いている「佐世保養老院」の創設者である「川添諦信」の執筆の依頼があり，原史料の発掘にあたった。1987（昭和62）年頃であったと記憶している。初めて佐世保市の「清風園」（佐世保養老院の現在名）を訪問し，戦前の年次報告書やその他の史料を拝見させていただいた時は「ひとつの地方でこれだけの実践がなされていたのか。全く知らなかった。」という思いで，雑務を理由づける研究者としての自分に対して怒りすら覚えた。すべての史料を施設側は快く貸して下さり，勤務先に戻り，数日をかけて複写したことを覚えている。その後，九州地方，中国四国

地方，中部地方，北海道の養老院，孤児院に関する史料を貪欲に発掘，整理してきた。特に，養老院関係は原史料が戦争で失われ，収集にはかなり時間を要した。本書はその一部をまとめたものであり，発表することにした。本書を作成（構成）するにあたって既発表の論文は以下のとおりである。第1章地域における施設史研究の視点と方法，千葉県社会事業史研究，第31号，2004，第2章老人福祉発達史の一断面―佐世保養老院の成立と展開を中心に―，岡山県立大学短期大学部研究紀要，第2号，1995，第3章戦前期養老院の生活者に関する研究，福祉研究，No.94，2006，第4章「救護法」期の養老事業施設の財源に関する研究―特に「佐世保養老院」の財源を事例として―，日本の地域福祉，第17巻，2003，第5章老人福祉発達史の一断面（Ⅱ）―別府養老院の成立と展開を中心に―，岡山県立大学短期大学部研究紀要，第3巻，1996，第6章高齢者福祉発達史の一断面（Ⅲ）―大正期の報恩積善会の成立と展開を中心に―，岡山県立大学短期大学部研究紀要，第5巻，1998，第7章名古屋養老院の運営（財源）に関する考察，東北社会福祉史研究，第26号，2008，第8章札幌養老院の養老事業実践に関する考察，地域社会福祉史研究，第3号，2009，第9章戦前期の託児所「海光園」に関する研究―「佐世保養老院」との関連を基盤に―，日本の地域福祉，第23巻，2010，第10章佐賀孤児院の組織形態に関する史的研究，福祉図書文献研究，第10号，2011。

　なお，本文において構成上の統一を図るため論文に記したⅠ，Ⅱは節に変えている。また，ひとつの図書として表の表記も統一を図り，文章を修正し，割愛を行っている。また，論理上，内容の重複が防げなかったことをお断りしておきたい。

　最後に，学生時代，昼食時間を割いて下さり，私の大学院受験の指導をして下さった中園康夫先生が他界されて久しい。中園先生は毎週木曜日の昼食時に1年近く私のために外書購読の指導をして下さった。当時（学生時代）は何も感じなかったが，今，こうして同じ職業に就いてみると，よく一学生のために貴重な時間を割いてくださったと感謝している。また，私が大学4年生の時，

おわりに

肺結核と診断され，1年5ヵ月の入院生活の中で，恩師川田誉音先生の身に余るご支援には今も感謝している。「栄養のあるものを食べなければ…」と，自宅に招待して下さり，入院前夜，手料理をご馳走になった。私は本来の教育者の姿を川田先生から教わった。また，大学生時代の多くのキリスト教信者の先生方からのご支援がなければ，今の自分の大学教員としての姿はないと思っている。日々感謝である。

2015年4月12日

春の吉備路を眺める書斎にて　井 村 圭 壯

索　引

あ　行

愛国婦人会別府支部長　60
愛知育児院　94, 102
愛知自啓会　94
青山朗　91
秋田聖徳会養老院　15, 53
浅野儀助　88
慰安会　44
委託救護費　12
一番ヶ瀬康子　iii, 2, 72
井上友一　73
井村圭壯　36, 128
慰問事業　140
医療費　33
岩崎家助成金　134
岩田民次郎　46
院報　8
衛生費　138
演繹法　1
園児　142
大分育児院　69
大阪社会事業協会　81
大阪養老院　8, 53
大高道貫　154, 155
大竹敬助　110, 112
大野隆阿弥　89, 91
小笠原祐次　16, 29
岡本多喜子　29, 70
岡山県済世顧問　81
小倉市西山寮　48
小田信厳　11
小野慈善院　53

か　行

海軍からの寄付　49
海軍々人　52
海軍職工　52
海軍病院慰問　140
海光園　128
海光園―いとし児欄―　131
海光園概要　146
海光園規則　140
海光園事業報告書　131
海光園保護者　144
賀川豊彦　32
鹿児島養老院　48
笠井信一　81
神沢キワ　60
神沢又市郎　60
亀ヶ森留吉　119
川添諦信　8, 11
川添芳子　129
感化院　73
感化救済事業　73
感化法　73
間食料　138
関東大震災　7
北島美枝　131
北島ミヘ　129
帰納法　1, 5
吉備楽演奏　79
吉備舞楽　79
岐阜養老院　97
岐阜老人ホーム　97
救護施設　5, 45
救護費　45
救護法　5
京都養老院　53
京都衆善会　18
京都養老院　11
清浦圭吾　73
空也念仏宗　89

空也養老院　89
窪田静太郎　17
黒住教　77
経営　5
経営手法　39
慶福会助成金　48
敬老会　62
研究視点　2
研究方法　4
現象的事実　i
県補助金　48
広済舎　88
厚生事業期　iv
高知博愛園　9
河野雅市　18, 69
神戸養老院　18, 33
神戸老人ホーム　33
御下賜金　136
孤児院　91
金光教　77

さ 行

財源　39
財団法人慶福会　98
西肥日報　153
佐賀育児院　150, 156
佐賀育児婦人会　157
佐賀育児婦人会会則　157
堺養老院　11
佐賀孤児院　150
佐賀新聞　153
佐賀清光園　150
佐賀仏教婦人会　42
佐賀養老院　11, 48
佐々木大園　155
佐世保海軍工廠　51
佐世保海軍工廠御寄贈　144
佐世保海軍部　51
佐世保仏教婦人救護会　8

佐世保仏教婦人救護会会則　10
佐世保養老院　7
佐世保養老院々報　11
佐世保養老院其内容　15
佐世保養老院後援会　43
佐世保養老院と其内容　40
雑誌『養老事業』　7
札幌学院　113
さっぽろ慈啓会　108
札幌市役所　115
札幌養老院　108
札幌養老院寄付行為　117
佐渡養老院　53
三者の骨子　3
賛助会員　137
支援組織　41
滋賀養老院　53
式典費　138
事業収入　48
施設観　5
施設の公共化　137
施設の地域化　137
慈善袋　50, 66
市町村委託金　65
実践者　ii
児童福祉施設史　1
渋沢栄一　73
死亡者数　32
死亡率　83
島崎育児園　9
社会化　17
社会局　59
社会事業期　iv
社会事業協会　8, 59
社会事業史学会　23
社会事業史研究　23
社会事業施設　iv
社会事業法　1, 5, 52
社会事業法の変貌　53
従事者　5

索引 *181*

主体的事実　i
恤救規則　15
正覚慈観　155
消毒所　65
浄土宗　109
浄土宗宗務所　128
浄土宗称念寺　155
浄土宗僧侶　39
浄土宗務所　115
浄土宗侶　24
上毛慈恵会養老院　91
書画展　48
処遇　5
新善光寺　109
助川貞次郎　111
鈴木卓司　125
生活実践　3
生活者　5
生活の場　3
生活保護　20
星華婦人会　42
政策主体　ii
聖ヒルダ養老院　15
清風園　8
善光寺　128
全国養老事業協会　7, 17
全国養老事業大会　17
全国養老事業調査　17, 123
曹洞宗　32, 42
曹洞宗僧侶　151
曹洞宗天祐寺　151
ソーシャルワーカー　125

た 行

第一回全国養老事業大会　8
第一回養老事業懇談会　8
大勧進養育院　53
対象者　ii
第七回全国社会事業大会　8

第二回全国養老事業大会　46
高閑者道樹　152, 155
高階瓏仙　18
高島進　21
田口英山　152
田代国次郎　21, 34
橘大安　69
田淵発恵　77
田渕藤太郎　74
地域化　17
地域社会　5
中央慈善協会　8, 59
月別死亡者数　34
寺脇隆夫　102
天台宗　95
土井洋一　1, 23
東京養老院　15, 53
東京老人ホーム　15
富田愛次郎　17

な 行

ナーランダ学園　18
ナーランダ学園託児所　145
内在的側面　4
内実分析　4
中川望　73
長崎淳心園　69
長崎大師会　42
名古屋東山寮　102
名古屋養育院　102
名古屋養老院　88
奈良養老院　88
那爛陀園　145
新森貫瑞　145
西村常純　167
日蓮宗　157
日誌抜粋　69
入院手続　26
入園式入園字数　143

年次報告書　40, 41

は　行

博多老人ホーム　34
函館慈恵院　53
蜂須賀学純　154, 155
祖岩哲雄　18
林玄松　109, 110
被救護率　29, 30
病弱者　31
広島養老院　34
福岡仏心会　42
福岡養老院　18, 34
福原誠二郎　17
父兄会費　138
富士育児院　9
富士育児養老院　9
藤野恵　30
二葉保育園　94
仏教養老同志会　98
古河徳山　155
別府高齢者総合ケアセンター　はるかぜ　59
別府養老院　58, 59
保育金　138
保育料　138
報恩時報　74
報恩積善会　33, 72
方面委員制度　81
保護施設　20
保護者　142
星島志保子　70
北海道庁　115
北海道庁立大沼学院　119

ま　行

前橋養老院　18

マハヤナ学園　18
三木清　iv
聖園養老院　53
光岡誠中　155
本林勝之助　47
諸岡如山　152

や　行

安富賢亮　113, 125
矢野嶺雄　32, 59
山本啓太郎　23
養育院　6
『養老』　113
養老院　6
養老院慈善托鉢　42
養老院の推移　14
養老寺　95
養老事業　7
養老事業化　24
養老事業実務者講習会　17
養老施設　6, 35
養老舎　6
養老新報　74
養老町　95
養老部　91
養老婦人会　42, 60
浴風会　7, 15
吉田久一　i
歴史貫通　3
歴史的意識　i

わ　行

若木賢祐　125
渡邊栄一　119
渡辺鉄翁　154, 155
渡邊鉄肝　69

著者紹介

井村圭壯（いむら・けいそう）
　　　　　1955年生まれ
現　在　岡山県立大学保健福祉学部教授
　　　　博士（社会福祉学）
著　書　『社会福祉調査論序説』（学文社，2001年，単著）
　　　　『養老事業施設の形成と展開に関する研究』
　　　　　（西日本法規出版，2004年，単著）
　　　　『戦前期石井記念愛染園に関する研究』
　　　　　（西日本法規出版，2004年，単著）
　　　　『日本の養老院史』（学文社，2005年，単著）
　　　　　　　　　　　　　　　　その他，多数

日本の社会事業施設史
──「救護法」「社会事業法」期の個別施設史──

2015年5月30日　第一版第一刷発行

著　者　井　村　圭　壯

発行者　田　中　千津子

発行所　株式会社　学　文　社

〒153-0064　東京都目黒区下目黒3-6-1
電話03(3715)1501代・振替00130-9-98842

（落丁・乱丁の場合は本社でお取替します）　検印省略
（定価はカバーに表示してあります）　印刷／新灯印刷
ISBN 978-4-7620-2548-8
© 2015 IMURA Keiso Printed in Japan